신중년 재취업 완전정복

전은지
한보라
천소연
원애림

인생2라운드 재설계를 위한
신중년과 경력이음여성을 위한 실전 전략서

들어가는 말

당신의 인생 2막,
새로운 기회를 디자인하다

변화의 시대, 나를 다시 설계하는 시간

지금 우리는 인생의 중요한 전환점을 마주하고 있다. 50대 이후의 삶, 그리고 경력단절이라는 큰 전환점은 누구에게나 두려움과 불안을 가져올 수 있다. 그러나 변화는 새로운 기회가 되기도 한다. 디지털 전환과 평생 현역 시대는 이제 중장년층과 경력단절여성에게도 도전할 수 있는 무대를 열어주었다.

더 이상 은퇴는 '끝'이 아니다. 경력단절 또한 '단절'이 아니다. 그것은 새로운 시작을 위한 디딤돌이자, 나를 다시 설계할 수 있는 중요한 기회이다. 팬데믹 이후 가속화된 비대면 근무, 온라인 플랫폼 확산, 4차 산업혁명의 도래는 오히려 우리가 가진 경험과 역량을 재정비하고 새로운 방식으로 활용할 수 있는 가능성을 열어주었다.

당신의 길을 설계하는 네 가지 전략

이 책은 '생애설계와 진로', '입사지원서 작성법', '자신감 있는 이미지 메이킹과 면접 준비', 그리고 '성공적인 재취업 사례'를 통해 중장년층과 경력이음여성에게 다시 일어서기 위한 실천적 전략을 제시한다. 단순히 '어떻게 할 것인가?'가 아닌, '어떻게 실천할 것인가?'를 중심으로, 현실적이고 구체적인 가이드를 제공한다.

1장 - 생애설계와 진로
나만의 인생 매뉴얼 만들기

인생 2막을 설계하기 위해서는 내가 누구인지, 무엇을 원하는 지부터 정확히 알아야 한다. 생애설계란 단순히 직업만이 아닌, 건강, 재무, 사회적 관계, 여가, 디지털 역량까지 아우르는 통합적 계획이다.

- **나의 자산을 객관적으로 평가하기** : 현재의 경력, 건강, 재정 상태를 명확히 진단한다.
- **미래 비전과 목표 설정** : 앞으로 10년, 20년의 삶을 구체적으로 설계한다.
- **디지털 전환 시대의 적응 전략** : 변화된 업무 환경에 맞춰 디지털 스킬을 강화하고, 온라인 플랫폼 활용 능력을 키운다.
- **생애 주기별 목표 설정** : 은퇴 이후의 삶을 준비하는 단계별 로드맵을 그린다.

2장 - 입사지원서의 모든 것
나를 마케팅 하는 첫 걸음

입사지원서는 단순한 문서가 아니다. 나를 세상에 알리는 마케팅 도구이자, 나의 강점과 역량을 압축적으로 표현하는 도구이다. 특히 중장년층과 경력단절 여성에게는 과거의 경험을 새로운 기회로 전환할 수 있는 중요한 창구다.

- **직무에 맞춘 이력서 작성법** : 경력의 흐름을 정리하고, 핵심 성과를 강조한다.
- **자기소개서의 전략적 구성** : 단순한 나열이 아닌, 문제 해결 능력과 미래 가능성을 전달한다.
- **디지털 시대의 온라인 지원 전략** : 플랫폼별 요구 사항에 맞춘 최적화된 작성법을 소개한다.
- **실전 체크리스트** : 입사지원서 제출 전, 반드시 점검해야 할 사항들을 정리한다.

3장 – 자신감 있는 이미지 메이킹과 면접 준비
성공을 위한 첫인상 만들기

입사지원서가 첫 관문이라면, 면접은 결정적 순간이다. 나를 직접 보여주고, 상대에게 신뢰를 전달할 수 있는 기회다. 이미지 메이킹과 면접 스킬을 통해 나를 브랜딩하고, 내 강점을 효과적으로 전달할 수 있어야 한다.

- **첫인상 관리** : 5초 만에 결정되는 인상, 전략적으로 준비하기
- **면접 스토리텔링** : 단순히 질문에 답하는 것이 아닌, 내 경험과 가치를 이야기로 전달하기
- **비대면 면접 대응법** : 화상 면접, AI 면접에 대비한 디지털 커뮤니케이션 기술 익히기
- **이미지 메이킹 실전 팁** : 복장, 표정, 말투까지 세부적인 이미지 관리 전략

4장 – 성공적인 재취업 사례
길을 걸어간 사람들의 발자취

성공적으로 재취업에 도전한 중장년층과 경력이음여성의 생생한 사례를 통해 실질적인 전략을 배운다. 그들이 어떤 과정을 거쳐 다시 일어섰는지, 어떤 장애

물을 극복했는지 분석하며 현실적인 방향성을 제시한다.

- **전직(동종 취업)과 이직(이종 취업) 사례 분석** : 기존 경력을 어떻게 재해석하고 활용했는지
- **창업과 사회참여** : 새로운 길을 개척한 사람들의 구체적 경험담
- **실패를 딛고 일어선 이야기** : 실수와 실패를 성장의 발판으로 만든 과정
- **현실적인 조언** : 그들이 전하는 현실적이고 구체적인 조언과 꿀 팁

한눈에 보는 생애설계와 진로 전략

이 책은 단순히 읽고 끝나는 이론서가 아니다. 각 장의 끝마다 '한눈에 정리! 이렇게만 하세요'를 통해 실천할 수 있는 간단한 체크리스트를 제공한다. 또한, 워크시트와 진단 도구를 통해 자신의 현재 위치를 점검하고, 미래를 구체적으로 설계할 수 있도록 돕는다.

이제는 '무엇을 할 수 있을까?'를 넘어서, '어떻게 다시 시작할 것인가?'를 고민할 때다. 당신의 인생 2막은 아직 무한한 가능성을 품고 있다. 이 책이 그 가능성을 현실로 만들어줄 이정표가 되어줄 것이다.

> "당신의 인생 2막은 이제 시작입니다.
> 지금까지 쌓아온 경험과 열정을 다시 설계하고,
> 나만의 새로운 길을 만들어 나가세요."

들어가는 말 4

1 생애설계와 진로

01 생애설계, 지금 왜 필요한가!
- 생애설계의 개념 13
- 방향 잡기 – 내 인생 리모델링의 첫걸음 18
- 신중년·경력이음여성의 현실 16

02 나를 객관적으로 보는 법
- 과거 경력·경험 재평가하기 25
- 신중년 & 경력이음여성의 공통 과제 29

03 생애 핵심영역 설계
- 건강 설계 37
- 주거 설계 44
- 가족·사회적 관계 설계 46
- 재무 설계 40
- 라이프스타일에 맞춘 생활환경 선택 45
- 여가 및 평생학습 설계 49

04 미래 진로 설계
- 주요 산업 전망과 나의 포지셔닝 54
- 진로 선택 전략 57

2 입사지원서의 모든 것

01 입사지원서를 보는 진짜 기준
- 기업에서 중장년층을 채용하는 이유 72
- 입사지원서 작성의 3가지 어려움 78
- 기업이 진짜 원하는 6가지 중장년 인재상 76

02 신뢰감을 주는 이력서 작성하기
- 멋진 이력서의 조건 80
- 항목별 작성법(NCS이력서) 86
- 항목별 작성법(일반이력서) 82

03 경력을 빛나게 하는 자기소개서 작성하기
- 멋진 자기소개서의 조건 92
- 항목별 작성법 93

3 자신감 있는 이미지메이킹과 면접 준비

01 면접 준비 전략
- 자신감 있는 태도가 핵심 103
- 재취업 면접, 첫인상이 3초 만에 결정된다 104

02 면접 합격 전략
- 설득력 있는 말하기가 핵심 115
- 재취업에 성공하는 면접 전략 TOP5 122
- 면접에서 떨어지는 유형과 합격하는 유형 125
- 면접의 형태와 준비 방법 116
- 자주 묻는 면접 질문과 답변 준비 방법 124

03 다시 쓰는 면접의 공식, 중장년을 위한 전략
- 재취업 면접, 무엇이 다를까? 128
- 예상 밖 질문에 대처하는 여유 있는 답변법 134
- 면접 당일, 긴장감을 관리하는 실전 팁 136
- '나이'가 아닌 '경험'을 이야기하는 법 132
- 세대차를 극복하는 소통 전략 138

4 성공적인 재취업 사례

01 동종취업
- 퇴직 후의 새로운 시작 145
- 현장 복귀와 경력의 재발견 147
- 아이들의 말이 만든 나의 미소 150
- 아이들의 시선에서 찾은 나 146
- 간호사로서의 두 번째 여정 149

02 이종취업
- 공감으로 이어진 두 번째 교실 151
- 전역 후 자연에서 찾은 두 번째 길 153
- 나를 움직이게 한 리듬 156
- 반려동물이 채운 나의 하루 152
- AI로 다시 연결된 일상 155

03 창업
- 나무 향기로 채운 삶 157
- 60세에 시작한 커피 트럭 159
- 실로 엮은 인생의 서사 162
- 따뜻한 하루를 담은 밥상 158
- 노래로 시작된 인생 2절 161

마치는 말 164

1
생애설계와 진로

01

생애설계, 지금 왜 필요한가!

생애설계의 개념

　생애설계는 인생 리모델링을 위한 라이프스타일 설계도라고 할 수 있다. 2020년 팬데믹 이후 비대면·디지털 전환이 빠르게 진행되고, AI(인공지능) 기술이 산업 전반에 깊이 스며들며 고용구조와 사회문화적 환경이 급격히 변화하고 있다. 이러한 흐름 속에서 신중년과 경력이음여성(결혼이주여성 포함)는 과거 우리 부모 세대와는 같은 방식으로 살아 갈 수 없음을 채감하고 있다. 이미 100세 시대를 넘어 120세대라는 말도 나오고 있다. 신중년들에게는 이제 은퇴란 개념보다는 인생 2막을 시작하는 것이 당연시 되고 있으며 이 방법론에 대한 여러가지 담론이 나오고 있는 현실이다. 경력이음여성 또한 새로운 진로와 취업에 대해 지속적인 경력관리 관점에서 나의 커리어를 어떻게 개발해야 할지 그 방법과 내용이 중요한 이슈이다.

　신중년과 경력이음여성의 중요한 공통점은 현재 시점에서 과거의 경험을 바탕으로 새롭게 인생2막을 그려야 한다는 공통점이 있다. 인생 리모델링이 필요한 상황인 것이다. 이때 각자 다른 배경, 경험의 상황에서 효율적으로 리모델링을 위해 제대로 된 설계도가 필요하다. 인생을 집에 비유한다면 그동안의 인생은 1층, 앞으로의 인생은 2층, 나아가 3층 등 그 이상을 위한 리모델링이니 그에 맞는 설계도가 필요하다. 집을 지을 때 각 층의 구조와 무게를 안전하게 지탱하기 위해 필요한 필수구조는 기둥이다. 생애설계는 바로 이 기둥과도 같은 것이다. 집을 지을 때 각각의 조화와 발란스가 맞아야 튼튼한 집이 지어지는 것처럼 인생2막이 세워질 튼튼한 2층집을 지어보자.

미래를 위해서 전방위적인 준비가 필요하다. 그래서 AI 인공지능 시대에 생애설계는 더 절실해지고 있다. 코로나19 이후 원격근무, 비대면 서비스, 그리고 AI 채용이 빠르게 확산되고 있다. 이는 신중년과 경력이음여성이 과거에 쌓아온 경력

이나 노하우만으로는 새로운 환경에 적응하기가 점점 어려워지고 있다는 의미이다. 전통적인 오프라인 중심 업무가 디지털 플랫폼으로 급속히 전환되고, 4차산업혁명 기술이 전 업종에 광범위하게 적용되면서 '경력'의 의미가 새롭게 재정의되고 있는 상황이다.

특히 신중년은 평균수명이 연장됨에 따라 '은퇴 후 20~30년'을 어떻게 보낼지 구체적으로 고민해야 하는 시점이다. 과거 직장에서 쌓은 경험이 코로나19 이후와 AI 시대 산업·직무 변화에 그대로 이어지기 쉽지 않으므로, 생애 전반에 걸친 체계적 설계가 더욱 중요해졌다.

한편, 경력이음여성(결혼이주여성 포함)의 경우 육아와 가사로 경력이 단절된 사이에 채용 시장이 디지털 역량을 필수 요건으로 삼고, 면접과 비즈니스 모델도 비대면·온라인으로 전환된 상태이다.

이처럼 미래를 살아가는 지금, 누구나 전방위적인 준비와 유연한 대응 전략을 갖출 필요가 있다. AI 인공지능 시대에는 생애설계가 선택이 아니라 필수라고 해도 과언이 아니다.

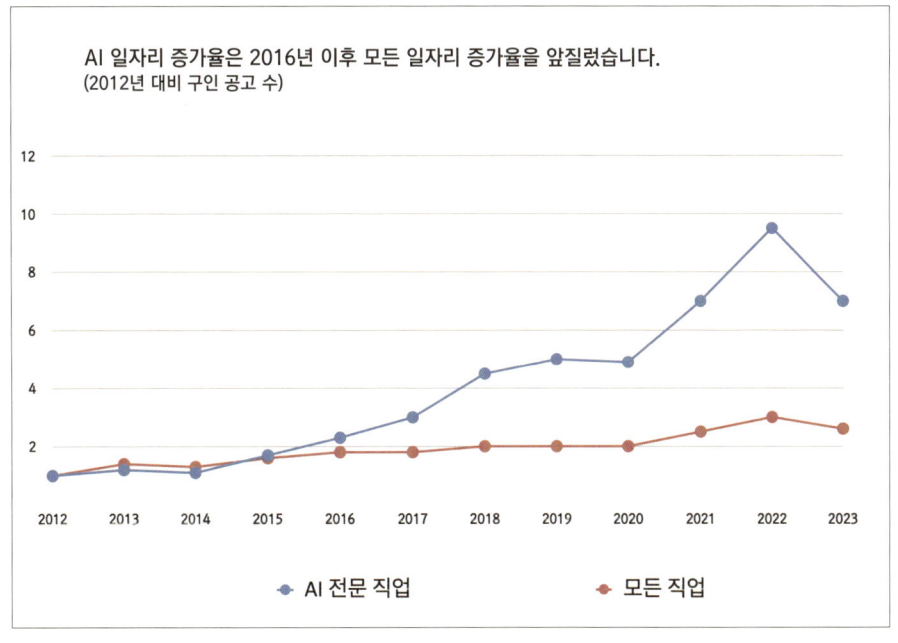

AI 일자리 증가율
출처 : PWC analysis of Lightcast data

신중년·경력이음여성의 현실

 평균수명 연장과 고용환경 변화에 대해서 알아보자. 이제 대한민국은 평균수명 83세 시대에 진입했다. 이는 단순히 오래 사는 것을 의미하는 것이 아니라, 삶의 후반전이 30년 이상 지속될 수 있다는 사실을 직시해야 한다는 뜻이다. 특히 50대에 은퇴하는 경우, 인생의 3분의 1 이상을 '은퇴 이후의 삶'으로 살아가야 한다는 점에서, 기존과는 다른 생애설계가 요구된다.
동시에 고용환경도 급변하고 있다. 코로나19 팬데믹 이후 재택근무와 온라인 협업, 비대면 면접이 일상화되었으며, 채용 프로세스 전반에 AI 기술이 도입되었다. 이제 '오래된 경력'이나 '과거 방식의 업무 숙련도'만으로는 경쟁력을 인정받기 어려운 구조가 되었다. 이러한 변화 속에서 신중년과 경력단절여성이 겪는 현실은 뚜렷하다.

- **기존 직무의 유효성이 낮아졌다.**
- **일자리 자체가 줄어들고 있다.**
- **채용 시장은 점점 디지털 중심으로 바뀌고 있다.**

 결국, 생존을 위해서라도 새로운 기술을 익히고, 인생 후반의 일과 삶을 주체적으로 디자인하는 능력이 필수적인 시대가 도래한 것이다.

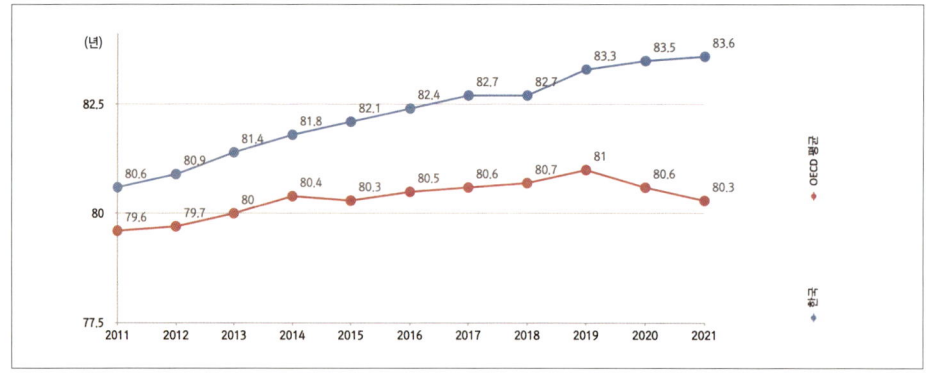

대한민국 평균 기대수명

경력단절여성이 가장 먼저 마주하는 현실은 '단절된 경력'이 가져다 주는 자신감 저하다. 육아와 가사, 혹은 기타 개인 사정으로 인해 직장을 떠났던 시간이 길수록, '과연 이전처럼 다시 일할 수 있을까'라는 의구심이 커지기 마련이다. 이 공백 기간은 단순히 시간적 손실에서 끝나지 않는다. 그 사이 산업과 기술, 특히 디지털 환경이 빠른 속도로 바뀌었기에, 예전의 업무 경험이 그대로 적용되지 않는 경우가 많다.

이렇게 변화된 고용시장에 발을 들이는 순간, 디지털 격차가 실질적인 장벽으로 작용한다. 업무 관리, 화상회의, SNS 마케팅 등은 이제 대부분의 직장에서 기본 역량으로 요구하고 있으며, 채용 과정에서 조차 온라인 면접과 AI 역량 평가가 활성화되고 있다. 이에 대비하지 못하면 면접이나 이력서 screening 단계에서부터 불이익을 받을 수 있다.

결혼이주여성의 경우, 여기에 언어·문화 장벽까지 겹쳐 진입장벽이 훨씬 높아진다. 서류 작성이나 면접 과정에서 어휘 선택이 서투르다 보면 본인의 실제 역량을 충분히 보여주지 못하고, 직장 내 소통 방식이나 조직 문화를 이해하는 데에도 어려움을 겪는다. 그러나 동시에, 이들은 다문화적 감각과 이중언어 능력을 갖추고 있어, 글로벌 시장에 대응하기 좋은 독자적 강점을 지닌 인재이기도 하다. 결국 경력단절여성이 사회로 복귀할 때 가장 핵심이 되는 것은 다음과 같다.

- **공백 기간을 부정적 요소가 아닌 '재도약을 위한 준비기'로 재해석하는 태도**
- **디지털·언어 역량 격차를 적극적으로 메우기 위한 학습과 훈련**
- **자신의 문화·경험적 다양성을 경쟁력으로 전환하려는 전략**

공백기와 장벽 자체를 부정하기보다, 새로운 시대의 요구를 수용하면서 자신만의 강점을 재발견하는 것이 최우선 과제가 된다.

과거에는 은퇴나 경력단절이 인생에서 '하차하는 신호'로 여겨졌다. 하지만 지금은 정반대다. 디지털 전환과 산업 구조 재편은 은퇴자와 경력이음여성에게도 새로운 기회를 제공하고 있다. 오히려 인생의 다음 장을 여는 '출발선'이 바로 은퇴와 경력단절이 되는 시대이다.

　은퇴 후 30년을 대비하는 신중년은 기존의 전문성을 디지털 기술과 접목해 새로운 분야에 도전할 수 있다. 예컨대 제조업 현장 경험을 스마트 팩토리 컨설팅으로 확장하거나, 과거 고객관리 노하우를 온라인 상담으로 재가공하는 방식이 있다.

　경력단절여성은 육아와 가사를 통해 축적된 경험을 콘텐츠화하거나, 교육·상담·돌봄 분야의 역량으로 발전시킬 수 있다. 결혼이주여성은 이중언어 능력과 글로벌 감각을 살려 통번역, 다문화 교육, 해외 커머스 등에서 새로운 역할을 시도할 수 있다.

　또한 오늘날은 비정규·N잡 형태의 일자리도 활성화되었기 때문에, 고정된 직장이 아니어도 자신의 리듬에 맞춘 '일과 삶의 방식'을 설계할 수 있는 구조가 만들어졌다.

　중요한 것은, 더 이상 '경력 단절'이 낙오가 아니라, '삶의 재구성'이라는 점을 인식하는 것이다.

　디지털 시대는 능동적으로 배움과 시도를 멈추지 않는 사람에게 기회를 제공한다. 은퇴와 경력단절이 곧 '가능성의 리셋 버튼'이라는 인식 전환이 절실하다.

방향 잡기 – 내 인생 리모델링의 첫걸음

　생애설계는 미래의 '목표'를 단순히 머릿속으로 그려보는 것이 아니라, 현재의 '나'를 객관적으로 파악하고 '무엇을, 어떻게, 언제' 이룰지 구체적인 계획을 세우는 과정이다. 즉, 막연한 바람이 아니라 실행력을 갖춘 '플랜'을 만드는 일이다. 그렇기에 시작 단계에서 가장 중요한 것은 '이미 늦었다'거나 '이런다고 뭔가 달라질까'라는 부정적 인식을 내려놓는 것이다.

　은퇴·경력단절을 경험한 이들이 흔히 겪는 심리적 장애물은 '과거의 커리어가 무의미해졌다'거나 '공백이 너무 길었다'는 자책감이다. 하지만 평균수명 80세를 훌쩍 넘긴 지금 시대에, 50대·60대도 능동적으로 무엇이든 새롭게 배울 수 있다. 오히려 지금부터 시작해도 충분하다는 긍정적 마음가짐이 생애설계의 첫 단추이다.

　또한, 생애설계는 단순히 재취업이나 창업 같은 '일자리 목표'만을 위한 것이 아니다. 건강, 재무, 가족·사회관계, 여가·학습, 봉사·공헌 등 삶을 구성하는 여러 영역을 통합적으로 점검하고, 원하는 방향으로 조정해가는 전 과정이 포함된다. 다시 말해, 마음가짐의 핵심은 "내 삶을 전반적으로 리모델링하는 기회로 삼겠다"는 태도이다.

　생애설계를 통해 가장 먼저 얻게 되는 것은 '두려움을 체계적으로 관리할 수 있는 힘'이다. 은퇴나 경력단절 전·후로 찾아오는 막연한 불안은, 사실상 '이후에 내가 무엇을 해야 할지 모른다'는 미지에 대한 공포에서 비롯된다. 그러나 생애설계를 구체적으로 진행하다 보면 다음의 내용이 가능해진다.

| 현재 상태의 객관적 진단 가능 | 필요한 역량·학습과제 파악 | 단기·중기·장기 구체적 실천계획 수립 |

이 과정을 거치면 두려움은 '준비된 낙관'으로 전환되고, 문제를 해결할 수 있다는 자신감이 생긴다.

또한 생애설계는 삶의 우선순위를 재정리하게 해준다. 예컨대 그동안 일에만 몰두해 가족과 충분히 소통하지 못했다면, 설계 과정에서 가족과의 관계 개선 목표가 새롭게 부각될 수 있다. 혹은 평생공부·봉사를 꿈꿨지만 시간이나 계기가 없었다면, 이제는 구체적인 계획을 잡아 실행으로 옮길 수 있다. 이처럼 생애설계가 가져다주는 가장 큰 변화는 "어떻게 살고 싶은가?"라는 질문에 스스로 답을 찾는 과정에서 비롯되는 주체적 삶의 태도이다.

마지막으로, 디지털 전환·AI 시대에 맞춰 역량을 업데이트해나가는 '평생학습 습관'도 생애설계를 통해 체득할 수 있다. 한 번 설계를 끝낸다고 끝이 아니라, 주기적으로 자신과 환경을 점검하면서 계획을 보완하는 것이 생애설계의 핵심이기 때문이다. 이를 통해 개인의 역량과 삶이 지속적으로 진화하고, 새로운 기회가 생길 때마다 능동적으로 대처할 수 있는 '준비된 유연성'을 갖추게 된다.

📋 워크시트 샘플

내가 원하는 인생2막 만다라트 : 명상전문가로 새롭게 태어나기

매일 아침 10분 명상	호흡에 집중하는 순간 찾기	자연속에서 시간 보내기	다양한 명상기법 학습	명상지도자 자격과정 이수	실제 경험 쌓기	주요 명상 앱 심층 분석	온라인 명상플랫폼 활용	개인명상 콘텐츠 제작연습
감사일기 작성	**내면의 평온유지 심화**	디지털 디톡스 시간보내기	피드백 요청 및 수용	**명상 지도 역량 강화**	보이스 트레이닝 발성연습	유튜브 팟캐스트 탐색	**디지털 명상활용 마스터**	VR/AR 명상콘텐츠 체험
충분하고 질 좋은 수면	타인의 감정에 공감	장기적 자기 성찰 시간	참가자별 맞춤 안내 연습	명상관련 서적 및 논문 탐독	명상관련 워크샵 및 세미나	AI 기반 명상기술 동향 파악	SNS활용 능력강화	개인 블로그 개설
타깃그룹 명확히 설정	타깃그룹 니즈 분석	명상목표 맞춤설정	**내면의 평온유지 심화**	**명상 지도 역량 강화**	**디지털 명상활용 마스터**	최신뇌과학 심리학 서적탐독	관련 국내외 논문구독	명상 심리학 철학강좌
정확한 명상기법 선정	**타깃별 명상프로그램개발**	콘텐츠 및 커리큘럼 구성	**타깃별 명상 프로그램 개발**	**시니어 명상전문가 되기**	지속적 학습과 연구	관련학회 세미나 참여	**지속적 학습과 연구**	다큐 및 TED 시청
참여자 친화적 자료 제작	파일럿 프로그램 운영 및 평가	프로그램 지속적 업데이트	개인 브랜딩 및 SNS활용	커뮤니티 구축 및 협업	재정적 안정 수익 모델	나만의 연구주제 선정	학습내용 정리 및 공유	멘토 또는 스터디 그룹 참여
명상전문가 로서 정체성 확립	프로필사진 및 소개글 준비	주요 SNS 채널 선정	온라인 명상커뮤니티 가입활동	오프라인 명상모임 참석	동료들과 정기적 교류	다양한 수익모델 탐색	온라인 명상 클라스 운영	명상관련 디지털 상품개발
정기적인 명상 콘텐츠 발행	**개인 브랜딩 및 SNS활용**	시각적으로 매력적인 콘텐츠 제작	다양한분야 전문가 네트워킹	**커뮤니티 구축 및 협업**	협업 제안서준비	기업 및 단체 프로그램	**재정적 안정 수익 모델**	구독형 모델 도입 고려
참여자 및 팔로워 소통	온라인 명상 커뮤니티 참여	콜라보 기회 모색	공동 프로젝트 기획	멘토 멘티 관계형성	커뮤니티 내 명상 챌린지 유도	수익 및 지출 관리	네트워크 통한 수익 창출	장기 비전과 목표설정

📋 **워크시트 샘플**

성공적인 인생2막 준비하기

현재 수입/지출 파악	연금 현황 점검	소액 저축 시작	매일 30분 걷기	가벼운 근력 운동	정기적 건강 검진	스마트폰 활용법 익히기	컴퓨터 기초 배우기	온라인 강의 찾아듣기
재취업 정보 탐색	든든한 경제기반 만들기	간단한 투자공부	건강한 식단 유지	활기찬 몸과 마음 건강지키기	충분한 수면 시간	외국어 한두 문장 배우기	새로운 배움의 즐거움 찾기	평생학습관 프로그램 참여
불필요한 지출 줄이기	정부지원금 확인하기	재무 설계 상담	스트레스 해소법 찾기	주기적 치과 검진	긍정적인 생각 연습	관심 분야 독서 모임 참여	자격증 정보 알아보기	새로운 취미 배우기
나에게 맞는 봉사활동 찾기	재능기부 아이디어 내기	환경 보호 활동 참여	든든한 경제기반 만들기	활기찬 몸과 마음 건강지키기	새로운 배움의 즐거움 찾기	가족과 정기적인 식사하기	배우자와 대화 시간 늘리기	자녀에게 먼저 연락 하기
경로당 복지관 방문	보람 있는 사회 활동 참여하기	멘토링 활동 참여	보람 있는 사회 활동 참여하기	성공적인 인생2막 준비하기	소중한 인간관계 가꾸기	손주들과 시간 보내기	소중한 인간관계 가꾸기	오랜 친구들에게 연락하기
지역 축제/행사 자원봉사	주민자치 활동 참여	시니어 기자단 유튜버 도전	나만의 취미와 여가 즐기기	깔끔하고 편안한 생활 환경 만들기	나만의 미래 계획 구상하기	동창회 등 정기적인 모임 나가기	새로운 사람 만나기	긍정적인 말 표현하기
원데이 클래스 취미활동	집에서 즐기는 취미 찾기	가까운 곳부터 여행하기	안쓰는 물건 버리기	계절별 옷 정리	주방/욕실 위생 관리	인생 2막 버킷리스트 작성	귀농/귀촌 검토하기	건강 의료 계획
공연 전시회 관람	나만의 취미와 여가 즐기기	공원, 수목원 방문	수납 공간 효율적 활용	깔끔하고 편안한 생활 환경 만들기	집 안 안전 점검	장례 방식 미리 생각	나만의 미래 계획 구상하기	유언장 작성 하기
OTT 서비스 활용	사진 찍는 취미	간단한 게임 즐기기	비상용품 준비	정기적인 대청소	가구 배치 바꾸기	상속 재산 미리 정리	디지털 유산 관리	후회 없는 삶 되돌아보기

 워크시트

내가 원하는 인생2막 만다라트

👆 한눈에 정리! 이렇게만 하세요

평균수명 83세 시대
은퇴 후에도 20~30년은 더 활동해야 하는 현실

디지털 전환 · AI 시대
과거 경력만으로는 경쟁력이 떨어지므로, 새로운 역량 설계가 필수

은퇴와 경력단절은 '끝'이 아님
제대로 설계하면 인생 2막을 풍부하게 열 수 있음

생애설계 = 삶 전반을 리모델링
건강, 재무, 가족 · 사회관계, 여가까지 종합 점검

늦었다고 생각하지 말기
지금부터 시작해도 충분하다는 '긍정적 태도'가 핵심 동력임

02

나를 객관적으로 보는 법

과거 경력·경험 재평가하기

라이프 스토리 작성법에 대해서 알아보고자 한다. 라이프 스토리는 당신의 과거 경험에서 '진짜 가치'를 찾아내, 미래를 위한 가장 강력한 무기로 만드는 과정이다.

누구나 살아온 인생에서 의미 있는 사건과 성취, 좌절을 겪기 마련이다. 과거 경력이나 경험을 객관적으로 되짚어보기 위해서는 먼저 '라이프 스토리'를 작성해볼 필요가 있다. 라이프 스토리 작성법이란, 자신이 살아온 시간의 흐름을 큰 단위로 나누어 중요한 사건, 성취, 배운 점 등을 연대순으로 적어보는 방법이다.

이 과정에서 중요한 것은 '스스로에 대한 평가'에 만 몰두하지 않고, 구체적 지표나 타인 피드백을 함께 참고한다는 점이다. 예를 들어 과거에 진행했던 프로젝트의 성과지표, 동료나 상사에게 받은 업무 평가, 스스로 작성해 두었던 기록 등이 모두 참고 자료가 될 수 있다. 정량적 지표를 통해 강점과 약점을 확인하고, 정성적 평가로 어떤 경험을 쌓았는지 정리해두면, 훗날 재취업·창업·경력전환 시에 큰 도움이 된다.

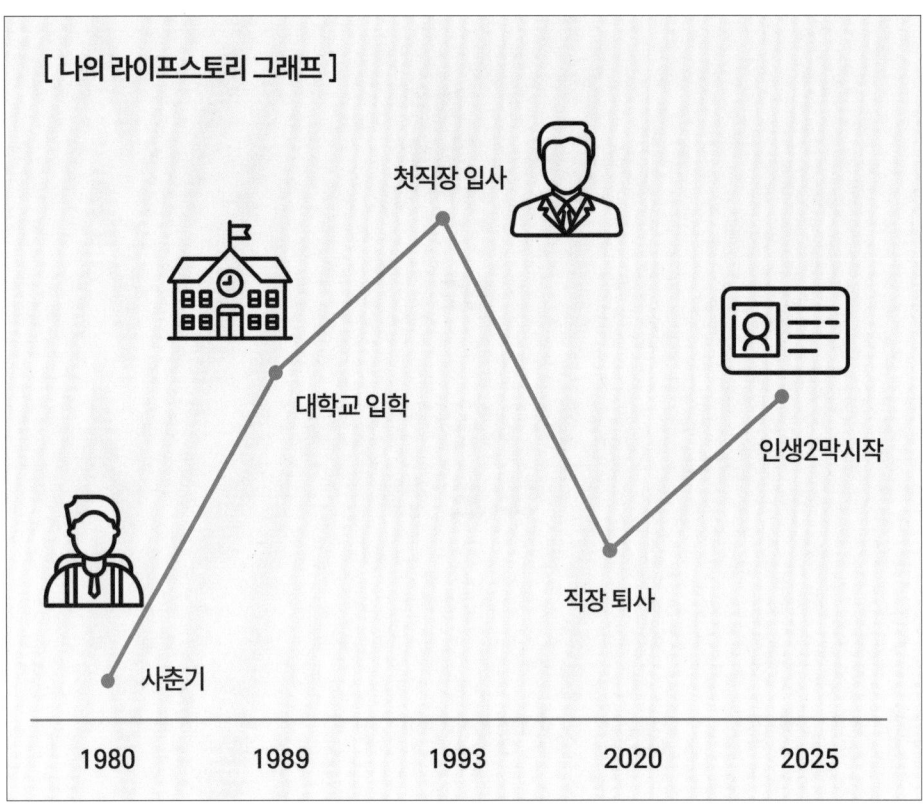

과거 경험을 디지털로 전환하며 AI 활용을 통해 시대에 맞춰 재해석하는 것이 필요하다. 코로나19 이후 직무 환경이 바뀌면서, 과거 경력이나 경험이 그대로 통용되지 않는 사례가 흔해졌다. 과거에는 대면 영업이 주가 되었지만, 이제는 SNS·라이브커머스 등 디지털 채널을 통한 영업이 핵심이 되는 식이다. 이러한 변화 속에서 필요한 것은 '재해석 능력'이다.

예컨대 오프라인 고객관리 경험이 있다면, 이를 디지털 CRM(Customer Relationship Management) 솔루션이나 AI 챗봇 운영 역량과 연결해볼 수 있다. 과거 사무직 경험도 온라인 협업툴(화상회의·클라우드 공유 등)을 적용해볼 수 있다면, 새로운 경쟁력으로 이어진다. 중요한 것은 "예전에 내가 쌓았던 능력 중, 지금의 디지털·AI 시대에도 쓸 수 있는 핵심 역량은 무엇인가?"를 찾고, 이를 다시 포장·업데이트하는 태도이다.

 워크시트

인생그래프에 기록할 시기별 주요 사건

시기	주요 사건
10대	
20대	
30대	
40대	
50대	
60대	

 워크시트

내 인생그래프를 그려봅시다

[나의 인생그래프 : 샘플]

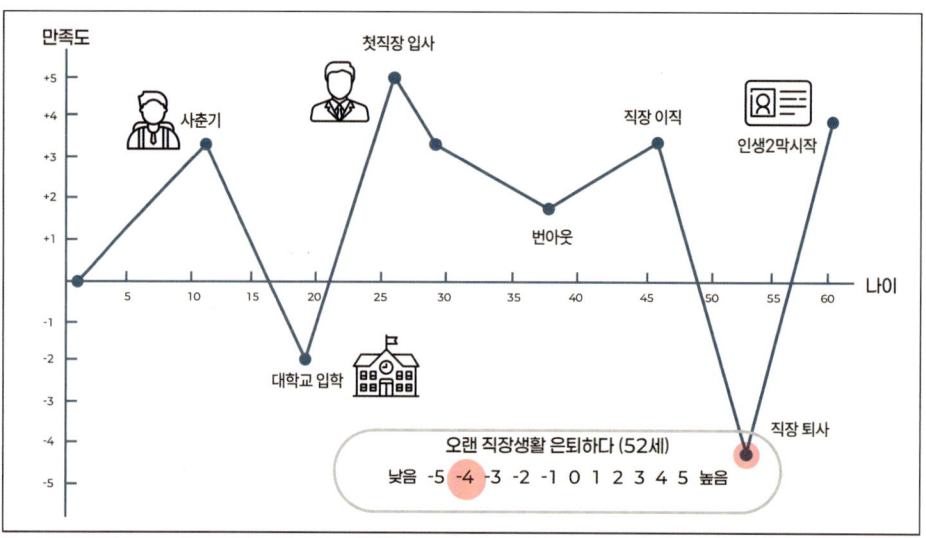

[나의 인생그래프 : 워크시트]

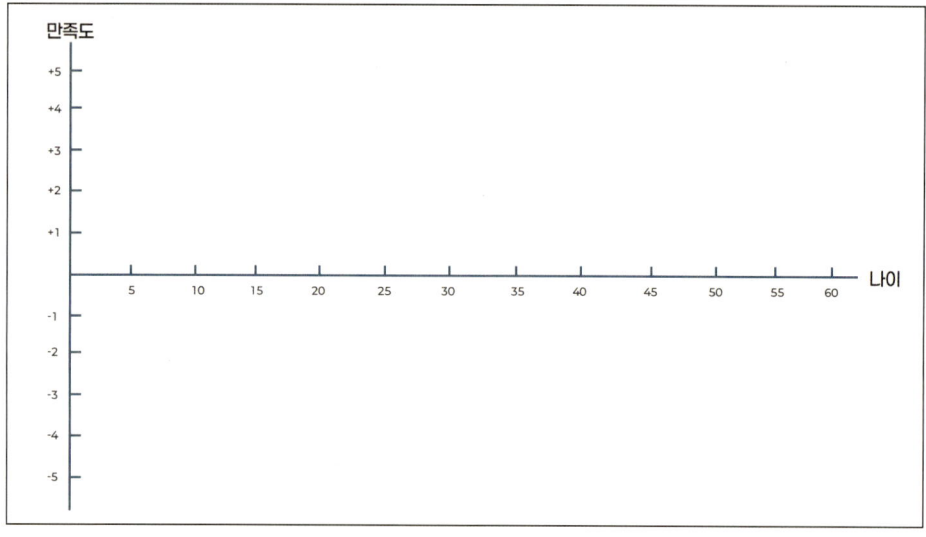

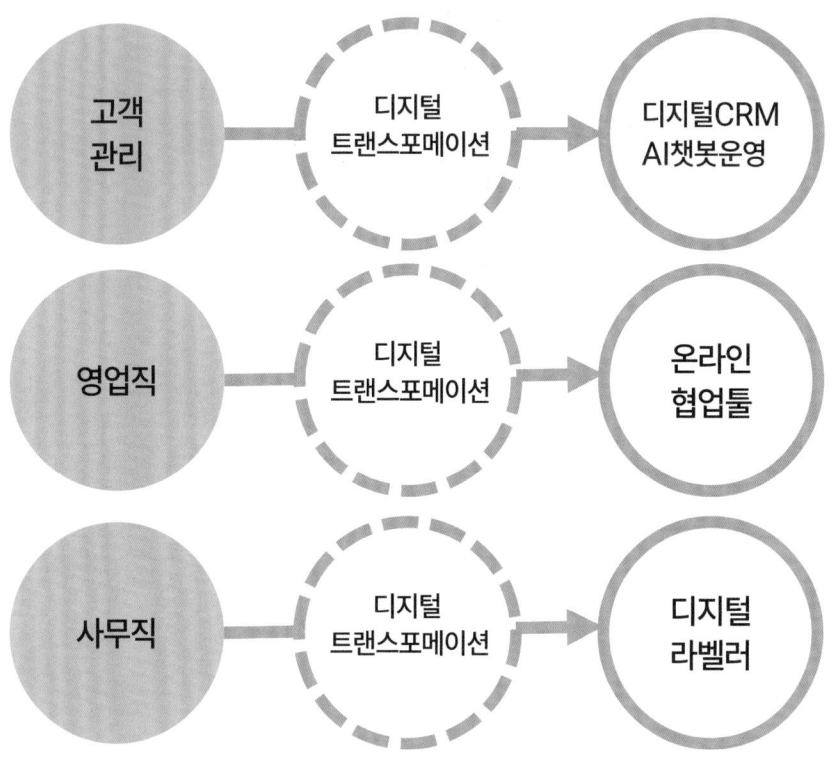

신중년 & 경력이음여성의 공통 과제

신중년과 경력이음여성 모두, 디지털 역량 부족 문제에 대한 압박을 느끼는 경우가 많다. 코로나19 이후 대부분의 직장에서 화상회의·클라우드 협업·SNS 마케팅 등 디지털 툴을 활용하는 업무가 당연해졌기 때문이다. 과거에는 대면 보고와 종이문서가 주를 이루던 업무였지만, 이제는 간단한 프로젝트도 온라인 협업 툴을 쓰며, 회의는 화상 플랫폼을 통해 진행하는 식으로 완전히 바뀌었다.

그러나 문제는 단순히 디지털 기술을 익히는 것을 넘어, 조직문화 전반이 달라졌다는 점이다. 한때는 '오래 근무하면 자연스레 승진'이라는 공식이 통했으나, 요즘은 부서 간 경계가 옅어지고 프로젝트형 업무가 증가하면서 '서로 다른 팀·직군과의 협업 능력'이 훨씬 중요해졌다. 수평적 소통을 지향하는 젊은 직원들은 상명하복보다 자율성·유연성을 선호하며, 과도한 야근이나 상사의 일방적 지시에 반발해 퇴사를 결행하는 사례도 흔하다.

신중년에게 중요한 것은 은퇴 후 재취업, 건강 그리고 재무라고 할 수 있다. 신중년(50~60대)은 이제 '노후'라는 말이 무색할 정도로 왕성한 활동 시기를 맞이하고 있다. 평균수명 80세를 훌쩍 넘어서면서, 은퇴 후에도 20년 이상을 더 일하거나 다양한 사회활동을 할 수 있는 것이다. 다만 재취업이나 창업을 고민할 때, 건강·재무 안정은 여전히 최우선 과제로 떠오른다.

하지만 이보다 더 중요한 것은, 요즘의 달라진 조직문화와 디지털 환경에서 과연 자신의 역량이 통할 수 있는지 확신이 서지 않는다는 점이다. 과거에는 상사-부하직원의 뚜렷한 위계 속에서 경험만 풍부해도 조직에 기여도가 높았지만, 이제는 협업툴 사용·화상회의·온라인 보고 등 디지털 역량이 기본이고, 수평적 소통을 중시하는 젊은 세대와 함께 일해야 한다.

재취업
예전 경력을 활용한다 해도 달라진 직무·조직문화를 받아들이는 학습 태도가 필수이다.
◆고용24_ www.work24.go.kr/cm/main.do

건강
나이가 들수록 신체적·정신적 건강이 재취업 의지와 직결되므로, 정기 검진과 규칙적 운동이 더욱 중요해졌다.
◆국민건강보험공단(NHIS)_ www.nhis.or.kr

재무
퇴직금·연금·투자 등을 어떻게 운용하느냐가 은퇴 생활의 안정성을 좌우한다. 다만 재취업 혹은 파트타임 근무 등으로 추가 소득을 창출한다면 재무적 부담이 크게 완화될 수 있다.
◆금융감독원(FSS)_ www.fss.or.kr
◆통합연금포탈(Pension)_ pension.fss.or.kr

결국 신중년이 재취업이나 창업을 통해 '제2의 커리어'를 안정적으로 이어가려면, 새로운 방식으로 일하고 소통하는 법을 적극적으로 배우는 태도가 필요하다. 이를 위해 디지털 기술과 협업 문화를 주도적으로 받아들이고, 건강과 재무를 동시에 관리하는 종합적 접근을 해야 한다.

경력이음여성이 가장 먼저 마주하는 현실은 '경력 공백에 대한 불안'이다. 육아와 가사로 인해 직장을 떠난 시간이 길어질수록 "이제 와서 다시 적응할 수 있을까"라는 두려움이 커진다. 더욱이 과거 경력이 빠르게 '옛 기술'이 되는 요즘에는, 해당 분야로 돌아가고 싶어도 디지털·협업 툴이 얼마나 달라졌는지 몰라서 막

막해하기 쉽다.

그러나 중요한 것은, 요즘 회사들은 저마다 노션, 슬랙, 트렐로, 구글 워크스페이스 등 다양한 협업툴을 사용하고 있으며, 이러한 도구들은 한 번 익혀두면 다른 회사에 가서도 능숙하게 적용할 수 있다는 점이다. 오히려 경력이음여성이 이 툴들을 적극적으로 학습하면, 조직 내 의사소통과 프로젝트 관리에 기여하면서 빠르게 역량을 인정받을 수 있다.

또 다른 고민은 가사와 직무를 어떻게 병행하느냐이다. 예전과 달리 원격근무나 하이브리드 근무를 도입하는 회사들이 늘어난 덕분에, 아이를 돌보면서도 일정 부분 재택으로 일할 수 있는 환경이 조성되긴 했다. 하지만 여전히 가사·육아 부담을 전적으로 떠안고 있다면, 출근이든 재택이든 체력적·심리적 소진이 크다. 따라서 가족과 가사 분담을 구체적으로 협의하고, 아이 돌봄 서비스·육아휴직 등 사회적 제도를 적극 활용하는 것이 필수적이다.

무엇보다 경력이음여성이 '경력단절 이후에도 충분히 재도전할 수 있다'는 자신감을 잃지 않는 것이 중요하다. 과거 회사와 직무가 크게 달라진 것은 사실이지만, 그만큼 새로운 형태의 일자리(유연근무, 파트타임·N잡, 온라인 창업 등)가 늘어났기 때문이다. 최근에는 아이가 어린 시기에도 온라인 채널을 통해 소규모 창업을 시도하거나, 재택 프리랜서로 업무를 수행하는 사례도 흔하다.

결국 경력이음여성이 육아 공백과 디지털 격차로부터 오는 불안을 극복하려면 다음의 세 가지를 해야 한다.

- **최신 협업툴과 업무 기술을 적극 배워야 한다.**
- **가족·사회 제도를 충분히 활용해야 한다.**
- **공백기를 내 역량으로 재해석해 자신감을 되찾아야 한다.**

이 세 가지가 균형을 이뤘을 때, 경력단절은 인생의 한 시점이 아니라 새로운 커리어를 펼칠 수 있는 전환점으로 바뀐다.

진로설계 워크시트

나의 진로 설계서

성명			생년월일	
			작성일	
생애 비전	직업(경력)			
	관계 관리			
	자기 계발			
목표 및 장단기 전략	구분	목표내용		실천 계획
	올해			
	단기			
	중기			
	장기			

📋 **바로 써보는 워크시트**

경력 기술서 기록노트

항목	내용 입력	참고 가이드
1. 성명		본명 혹은 활동명
2. 생년월일 / 연락처		생년월일, 휴대폰번호, 이메일 등
3. 경력 요약(한 줄)		20년간 OO업계 경력 보유 / 판매·서비스 분야 전문가 등
4. 주요 경력 1		근무기간, 회사명, 부서, 직무, 주요 업무 작성
5. 주요 성과 1		수치나 결과 중심 (예-매출 30% 향상, 고객만족도 90% 유지 등)
6. 주요 경력 2		두 번째 주요 경력 작성 (필요시 추가 가능)
7. 주요 성과 2		상동
8. 보유 자격 및 인증		자격증명 / 발급기관 / 취득연도
9. 활용 가능 기술 및 도구		컴퓨터, SNS, ERP, 디자인툴, 번역 등 구체적으로
10. 강점 및 역량 키워드		예-대인관계 능력, 문제해결 능력, 꼼꼼함 등
11. 본인의 경력 가치를 재정의해보세요		단순 경험을 넘어 사회적 기여 또는 미래 연계 가능성을 작성
12. 희망 진로 방향 또는 재취업 / 창업 목표		구체적 목표 (예-노인복지센터 취업, 1인 반찬가게 창업 등)

👆 한눈에 정리! 이렇게만 하세요

과거를 돌아보는 법

- 내 인생 라이프스토리를 시간 순으로 작성해보자.
  (의미 있는 사건, 성취, 좌절, 배움을 연대기 순으로 정리)
- 프로젝트 성과, 상사 피드백, 과거 기록 등을 객관적 지표로 활용하자.
- 단순 경험이 아닌, "무엇을 배웠고 어떻게 성장했는가"에 주목하자.

과거를 현재와 연결하는 법

- 오프라인 경험도 디지털 도구와 결합하면 새롭게 해석된다.
  (예 : 고객 응대 → 챗봇·SNS 활용 역량)
- 과거의 핵심역량(소통, 문제해결, 협업)을 중심으로 다시 포장하자.
- '나만의 하이브리드 스킬셋'을 만드는 것이 포인트다.

신중년 & 경력이음여성의 공통점과 차이점

- 공통과제 : 디지털 역량 강화, 조직문화 적응, 자기이해 필요
- 신중년 과제 : 건강과 재무 불안, 수평적 소통과 세대 차이 적응 필요
- 경력이음여성 과제 : 경력 공백 불안, 가사와 일 병행, 디지털 환경 낯섦의 극복

03

생애 핵심영역 설계

생애설계는 건강, 재무, 가족관계, 여가, 평생학습 등 삶 전반을 통합적으로 관리하는 과정이다.

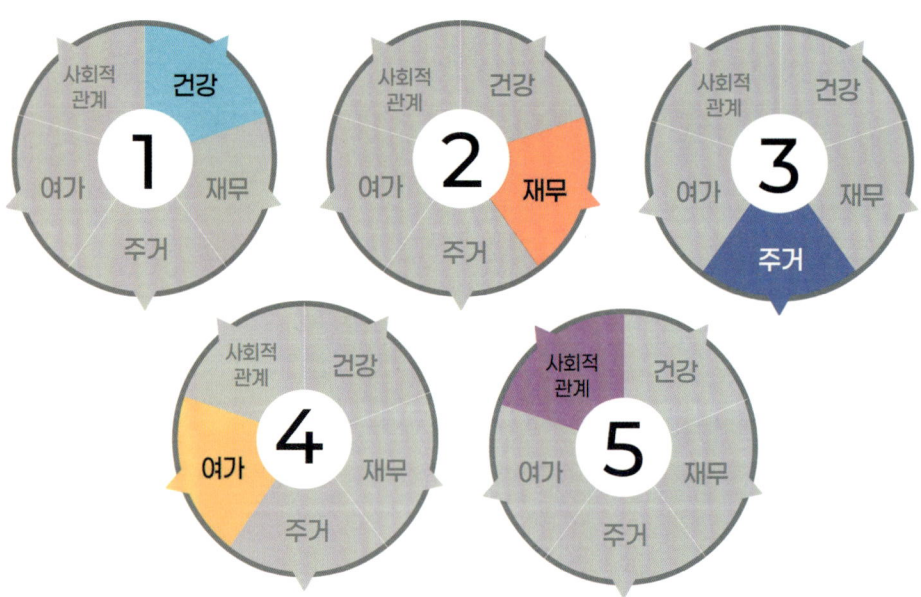

생애설계 핵심 5영역

건강 설계

중년 이후에는 신체 전반에 걸쳐 노화가 진행되며, 여러 심리적·사회적 변화가 동시에 찾아오기 쉽다. 자녀 독립, 은퇴·경력전환, 노부모 부양 등 인생의 굵직한 전환점이 50대 전후로 몰려오기 때문이다. 이러한 시기에 몸과 마음을 함께 돌보는 종합적 건강 전략이 필수적이다.

근육 유지와 근테크(근육+재테크)

근육량은 중년 이후 급격히 줄어들어, 관절·허리 통증 또는 낙상 위험이 높아진다.

근력 운동을 꾸준히 실천하면, 장기적으로 노후 의료비를 절감하고 활동 범위를 넓힐 수 있어 '근육=돈'이라는 근테크 개념이 주목받고 있다.

주 2~3회 하체 중심 근력 운동(스쿼트, 런지 등)을 통해 체력과 일상활동 능력을 꾸준히 유지한다.

인생 후반의 태도 : 베풀고, 욕심을 버리고, 집착을 내려놓기

50대 이후는 욕심과 집착을 줄이고, 마음의 여유를 가지며 베푸는 삶을 지향하는 자세가 중요하다.

지나친 소유욕이나 승부욕을 내려놓으면, 가족·사회관계가 한결 부드러워지고 정신적 스트레스도 크게 줄어든다.

오히려 자신이 가진 경험이나 재능을 나누며, 주변 사람들과 상생할 때, 심리적 안정과 삶의 만족도가 한층 높아진다.

정신건강 관리

50대 전후는 은퇴 불안, 노부모·자녀 문제 등으로 정신적 부담이 커질 수 있으므로, 우울감이나 무기력을 느낀다면 조기에 전문가 상담을 받는 것이 바람직하다.

명상·호흡 운동·규칙적 취미활동 등을 통해 마음챙김을 실천하고, 적극적·긍정적 사고방식을 유지하려는 노력이 필요하다.

스트레스가 과도해질 때는 운동, 봉사활동, 동호회 참여 등으로 사회적 교류를 늘리면 정서적 지지와 활력을 되찾을 수 있다.

결론적으로, 중·장년기는 신체적 근육과 더불어 정신적 유연성을 함께 키워야 하는 시기이다. 근력 운동을 통해 몸을 단단히 하되, 동시에 베풂과 비움의 자세로 정신적 균형을 유지하는 것이 노후 건강과 행복을 지키는 열쇠이다.

자신만의 리추얼, 루틴을 설계하자. 무리하게 단기간에 살을 빼거나 고강도 운동만 고집하기보다는, 일상 속에서 소소하지만 꾸준히 지킬 수 있는 루틴을 만들어나가는 것이 효과적이다. 즉, 작은 습관부터 시작해 서서히 강도를 높이는 방식이다.

근력 운동 루틴

아침이나 저녁 시간에 10~15분 정도 꾸준히 맨몸 스쿼트·플랭크·푸시업 등을 정해진 횟수로 실시한다.

2~3개월 이상 지속하면 하체 근육과 코어 근력이 서서히 붙으며, 체력 증진 효과를 실감할 수 있다.

마음챙김 루틴

명상·호흡 운동 등을 매일 일정 시간에 실시해 스트레스를 낮추고, 자기 몰입의 시간을 갖는다.

가벼운 독서·일기 쓰기도 정신적 안정과 감정 정리에 큰 도움이 된다.

생활 습관 루틴

물 충분히 마시기, 제때 식사하기, 규칙적 취침 시간 지키기 등 기본적인 생활 습관을 고수한다.

스마트워치나 건강관리 앱을 활용해 걸음 수·수면 시간·심박수 등을 체크하면 동기부여가 커진다.

이처럼 '나만의 리추얼(ritual)'과 루틴을 만들어 실천하면, 근육량 관리와 정신적 안정에 동시에 긍정적인 효과가 나타난다. 몸이 좋아지면 마음이 안정되고, 마음이 가벼워지면 운동에 대한 동기가 더 생기는 선순환 구조를 만들 수 있다. 신중년과 경력이음여성 모두, 건강을 단순히 일시적 목표가 아니라 평생 함께할 생활 습관으로 접근하는 것이 무엇보다 중요하다.

재무 설계

 퇴직을 한 후에는 재취업, 창업 자금, 연금, 부채, 투자 등에 대해서 점검을 해봐야 한다. 중장년층(신중년)이 은퇴를 맞이하게 되면, 가장 먼저 퇴직금과 기존에 가입된 연금을 어떻게 운용해야 할지 고민하게 된다. 동시에 재취업·창업을 고려한다면 창업 자금이나 생활비가 필요할 수 있고, 부채가 남아 있다면 부담을 줄이는 것이 급선무이다.

 퇴직 이후의 삶은 단순한 쉼이 아니라 인생 2막을 준비하는 재설계의 시간이다. 그 중에서도 재무설계는 생애설계의 중심축으로, 향후 삶의 지속 가능성을 좌우하는 핵심 요소이다. 신중년이 은퇴를 맞이하면 가장 먼저 떠오르는 고민은 퇴직금과 연금의 운용이다. 국민연금, 퇴직연금, 개인연금 등 각기 다른 수령 구조와 시점을 어떻게 조율 하느냐에 따라 안정적인 현금 흐름이 결정되며, 재취업이나 창업을 고려할 경우 초기 자금과 생활비 확보가 함께 병행되어야 한다. 부채가 남아 있다면 무엇보다도 이를 줄이는 것이 선결과제가 되며, 불필요한 이자 지출을 막기 위해 채무 재조정이나 통합 전략도 필요하다.

 또한 저금리·고물가 시대를 살아가는 은퇴자에게는 단순한 저축만으로는 부족하다. 리스크를 최소화하면서도 안정적인 수익을 창출할 수 있는 투자 전략, 연금·보험 등 다양한 수단을 조합한 포트폴리오 구성이 요구된다. 결국 재무설계란 '얼마를 가지고 있느냐'보다 '그 돈을 언제, 어떻게, 어떤 구조로 사용할 것인가'에 대한 종합 전략이다. 인생의 방향을 설정하기에 앞서 자신의 경제적 자원을 객관적으로 진단하고, 장기적인 관점에서 실현 가능한 재무계획을 세우는 것이 신중년과 경력이음여성 모두에게 필수이다.

퇴직금 · 연금 운용

국민연금 · 퇴직연금 : 수령 시기와 금액을 미리 계산해보고, 필요에 따라 수령 시점을 조정할 수 있다. 예컨대, 국민연금을 더 늦게 받으면 월 수령액이 늘어나는 방식이다.

개인연금 : 세액공제 혜택과 수령방식을 비교해, 일시금 대신 분할지급으로 받으면 일정한 생활비를 확보할 수 있다.

안정형 vs 투자형 : 퇴직금 중 일부는 예 · 적금, 채권 등 안정적 자산에 배분하고, 남은 일부는 주식 · 펀드 · 부동산 등 투자형 자산에 배분해 리스크를 분산한다.

부채 관리

금리 환경 점검 : 최근 금리가 변동 폭이 커졌으므로, 대출을 갈아타거나 상환 전략을 새로 세워 이자 부담을 줄이는 것이 중요하다.

부채 상환 우선순위 : 금리가 높은 부채부터 우선적으로 상환해 가계 현금흐름을 안정시킨다.

창업 · 재취업 자금 마련

소규모 창업: 초기 투자비용이 큰 사업은 리스크가 높으므로, SNS 마켓 · 온라인 강의 · 컨설팅 등 비교적 비용이 적게 드는 업종부터 시도한다.

정부 · 지자체 지원: 중장년 창업 지원금, 소상공인 정책자금, 신용보증제도 등을 활용해 자금 부담을 줄일 수 있다.

파트타임 · 컨설팅: 당장 전일제 근무가 어렵거나 원치 않는다면, 파트타임 근무나 프로젝트성 컨설팅을 병행해 생활비 확보 + 경력 유지를 동시에 할 수 있다.

투자 포트폴리오 재점검

은퇴 후에는 소득원이 줄어들기에, 안정 추구형 포트폴리오가 더 적합한 경우가 많다.

다만, 전체 자산 중 일부는 물가상승률을 상쇄할 장기 투자(우량주 · ETF 등)에 배분해 인플레이션에 대응한다.

결론적으로, 퇴직 후 재취업·창업을 준비하는 신중년은 연금·퇴직금·부채·투자를 균형 있게 관리해야 하며, 정부·금융기관 지원제도도 적극적으로 찾아보는 태도가 필요하다. 미리 계획하고 실행하는 것이 인생 2막의 경제적 안정을 결정짓는 핵심이다.

경력이음여성은 재정 안정화를 위한 구체적인 전략을 반드시 마련해야 한다. 출산, 육아, 가사 등의 이유로 장기간 경제활동을 중단했던 이들은 소득 공백 기간 동안 자연스럽게 재무적 기반이 약화되기 쉽다. 특히 보험 납입 중단, 연금 단절, 저축 감소 등 다양한 재정 리스크가 누적되면서 경제적 불안정성이 커질 수 있다. 이러한 상황에서 재취업을 준비하거나 새로운 일에 도전하는 시기는 단순한 직업 회복이 아니라, 가계 경제에 다시 기여해야 하는 전환점이 된다.

따라서 이 시기를 효과적으로 넘기기 위해서는 정부의 재취업 지원제도, 창업지원금, 여성새로일하기센터 등의 프로그램을 전략적으로 활용하는 것이 중요하다. 또한 고용보험 반환, 경력보완 교육, 금융 상담 서비스 등을 통해 자신의 상황에 맞는 맞춤형 금융설계를 병행하면, 보다 안정적인 재정 회복이 가능하다. 이는 단순한 생계유지를 넘어, 경력이음여성의 지속 가능한 커리어를 설계하는 첫 걸음이 될 수 있다.

재취업 준비 자금·교육 지원
◆여성새로일하기센터(새일센터)_ saeil.mogef.go.kr
여성새로일하기센터 : 직업훈련, 취업연계, 인턴십 지원금 등 다양한 프로그램을 운영한다.
내일배움카드 : 직업능력개발 훈련비를 지원받을 수 있으며, 디지털·사무·서비스 등 원하는 직종별로 교육을 받을 수 있다.
학자금 대출·장학금 : 본인 혹은 자녀의 교육비 부담을 줄이기 위해 정부·지자체 장학금, 서민금융진흥원 제도 등을 살펴본다.

소득 공백 최소화

파트타임 근무 : 일과 육아를 병행하기 위해 유연근무가 가능한 직장을 찾거나, 재택근무 형태로 일할 수 있는 직종을 모색한다.

SNS 창업 : 육아 경험이나 취미·특기를 살려 SNS 마켓, 블로그 마켓 등을 통해 소규모 온라인 판매를 시작할 수 있다. 초기 비용이 적게 들고, 시간을 유연하게 활용 가능하다.

부채 관리·저축 재개

부채 줄이기 : 경단 상태에서 쌓인 카드빚, 생활비 대출 등이 있다면, 재취업 후 우선적으로 상환계획을 수립한다.

저축·적립 자동화 : 월급에서 일정 비율을 자동으로 적립해 '비상금·창업 준비' 자금으로 확보한다. 재무적 안정을 어느 정도 이룬 뒤, 추가 투자를 고려해볼 수 있다.

정부·지자체 금융지원

저금리 대출 : 서민금융진흥원, 지역신용보증재단 등을 통해 저금리 대출 및 보증을 받을 수 있다.

결혼이주여성 지원 : 결혼이주여성의 경우, 언어·문화 장벽 완화 프로그램이나 국적 취득 관련 지원 등 추가 혜택을 제공받을 수 있으므로 지역 다문화센터, 여성가족부 정책 등을 수시로 확인한다.

결국 경력이음여성이 재정적 안정을 되찾으려면 정부 지원제도와 자기 역량을 적극적으로 결합해야 한다. 일단 공백기를 끝내고 일정 소득이 생기면, 장기적 재무 목표(아이 교육비, 창업 준비금, 노후 자금 등)를 세워 체계적으로 실천해나가는 것이 핵심이다.

주거 설계

중장년기에 자녀가 독립하거나, 라이프스타일이 바뀌면서 집의 규모·입지가 예전만큼 필요치 않은 경우가 많다. 이때 필요한 것이 '다운사이징' 전략이다.

주택 규모 축소

큰 평수 아파트나 단독주택은 유지비(관리비, 세금, 난방비 등)가 높아 생활비 부담을 가중한다.

주거 다운사이징을 통해 줄어든 비용을 노후자금, 창업자금 등으로 재투자할 수 있다.

생활 편의 고려

건물 내 엘리베이터 유무, 계단 수, 주변 병원·상점 접근성 등 거동 편의를 꼼꼼히 살핀다.

노후에 낙상이나 갑작스러운 건강 악화가 생길 수 있음을 전제로, 안전하고 생활편의가 높은 주거 형태를 우선 고려한다.

또한, 단순히 '집을 줄인다'는 것에만 초점을 맞추지 말고, 앞으로 10~20년간 지속 가능한 생활 구조를 염두에 두는 것이 좋다. 은퇴 후 재취업·창업을 준비 중인 신중년이라면 업무 공간(작은 서재나 오피스 구역)을 별도 확보할 수 있는 구조도 검토해볼 만하다.

라이프스타일에 맞춘 생활환경 선택

주거 설계에서 가장 중요한 것은 '나와 가족의 라이프스타일'을 기준으로 삼는 일이다. '다운사이징+라이프스타일 맞춤형 주거'는 재무·건강·가족환경을 종합적으로 고려하는 과정이다. 미리 계획하고 여러 지역을 탐방해본다면, 중장년기 주거 환경을 더 쾌적하고 경제적으로 설계할 수 있다.

건강·취미·여가

평소 등산이나 자전거 타기를 좋아한다면, 공원이나 산책로가 가까운 곳이 이상적이다.

문화생활을 선호한다면, 공연장·도서관·문화센터 접근성이 좋은 도심 근처를 고려해볼 만하다.

일자리 접근성

경력이음여성이 재취업을 준비한다면, 아이를 맡길 육아 시설과 직장까지 거리나 교통편을 함께 살펴야 한다.

신중년의 경우, 은퇴 후에도 파트타임 근무나 컨설팅 등을 하는 경우가 많으므로, 교통이 편리한 지역이 장점이 될 수 있다.

도시 vs 농촌

◆농림축산식품부_ www.mafra.go.kr

귀농·귀촌을 꿈꾼다면, 영농기술·자금·인프라·지역 커뮤니티 등을 미리 조사하고 체험 프로그램 등을 통해 실제 거주 가능성을 검증한다.

농촌 지역은 집값·생활비가 상대적으로 저렴하지만, 의료·문화시설 접근성이 떨어질 수 있다.

가족 · 사회적 관계 설계

부부 · 자녀 · 부모 등 가족관계 재정립이 필요하다. 중장년기에 접어들면서 가족 구성원들의 역할과 요구가 크게 변한다. 은퇴 후 시간이 늘어나고, 자녀가 독립할 시기가 다가오지만 실제로는 경제 상황에 따라 독립이 늦어지기도 한다. 동시에 부모님 세대는 고령화로 간병과 생활비 지원이 필요해지는 등, 여러 이슈가 한꺼번에 몰려온다.

'낀 세대'인 50대의 현실

현재 50대는 '부모 부양을 실제로 책임지는 마지막 세대'라는 말이 있을 정도로, 부모를 모시는 문화가 아직 남아 있는 편이다.

동시에 자녀 교육비 부담도 크며, 최근에는 '캥거루족'이라는 신조어처럼 성인 자녀가 부모에게 얹혀사는 현상도 늘어났다.

결국 부모 · 자녀 모두를 돌봐야 하는 '더블 케어' 상황에 놓이기 쉽다.

부모 부양 이슈

고령화가 심화되면서, 70~80대 부모님의 간병 · 생활비 지원이 필요해지는 경우가 많다.

형제자매가 있다면, 부양 책임을 공평하게 분담하는 협의가 필수이다. 요양병원이나 노인돌봄 서비스 등 외부 자원도 적극 활용해, 한 사람에게 과도한 부담이 쏠리지 않도록 해야 한다.

'부모님을 모시는 것=존경 · 효'라는 전통 가치와, 개인 삶을 지키려는 현대적 가치가 충돌할 수 있으므로, 가족 간 대화와 상호 이해가 중요하다.

성인 자녀와의 관계

자녀가 대학 · 취업 등을 이유로 계속 부모 집에 머무는 '캥거루족'이 많아지면서, 부모 세대가 기대했던 '자녀 독립 시점'이 늦춰질 수 있다.

이 경우 가사 · 생활비 부담이 부모에게 몰리는 현상이 발생하고, 서로 갈등이 생길 수 있으므로, 가정 내 역할 · 책임을 구체적으로 합의해나가는 과정이 필요하다.

때로는 부모가 경제적 · 정서적으로 과도하게 지원하지 않고, 자녀가 독립적 삶을 준비하도록 일부러 분리하는 선택도 중요하다.

부부 관계 재정비

◆ 한국건강가정진흥원(가족센터)_ www.familynet.or.kr

은퇴 후 부부가 하루 종일 함께 지내거나, 경력이음여성이 재취업하면서 역할이 바뀌면, 새로운 갈등이 생길 수 있다.

각자 필요한 개인 시간을 존중하고, 가사·육아·부모 부양 책임을 균형 있게 분담하는 대화가 필수이다.

취미나 여행, 봉사활동 등을 함께하며 공통 관심사를 찾아갈 수도 있지만, 부부가 서로 다른 취향을 존중해 각자만의 공간·시간을 가질 수도 있다.

열린 대화와 지속적 협의

부모, 자녀, 배우자 모두의 요구가 달라지는 시기이므로, 정기적으로 대화하며 기대치와 어려움을 솔직히 공유한다.

특히 재정 문제(생활비·교육비·부모 간병비 등)는 감정적 충돌로 이어지기 쉽기에, 실제 액수와 책임 범위를 구체적으로 수치화해 합의하는 편이 좋다.

갈등이 심해질 경우 가족상담 전문가의 도움을 받거나, 친척·형제자매와 함께 가족회의를 열어 중재 방안을 찾는 것도 방법이다.

결국 중·장년기의 가족관계는 부모 부양과 성인 자녀 지원이라는 이중 압박 속에서 재정립되어야 한다. 이때 중요한 것은 가족 구성원의 상호 존중과 공평한 부담 분담, 그리고 때로는 서로에게 적당한 거리를 두어 개인의 삶을 지킬 수 있는 환경을 조성하는 것이다. 이를 통해 가족 모두가 안정적으로, 장기적으로 상생할 수 있다.

가족 외에 커뮤니티와 같은 사회적 관계망을 넓히는 것은, 정서적 안정과 정보 교류 차원에서 매우 중요하다.

지역 커뮤니티 · 동호회

◆ 소모임(SOMOIM)_ www.somoim.com
◆ 프립(Frip)_ www.frip.co.kr

등산 · 공예 · 독서 · 댄스 등 관심사가 비슷한 모임을 찾아보거나, 직접 소규모 모임을 만들어 볼 수 있다.

온라인 SNS(밴드, 카페, 오픈채팅 등)를 통해 쉽게 사람들을 모집하고 일정을 공유할 수 있다.

신중년은 쌓아온 전문지식을 활용해 청년 창업팀 멘토링, 사회복지기관 강의 등으로 경험을 환원할 수 있다. 경력이음여성도 아이 돌봄 · 교육, 다문화 센터 활동 등에서 본인의 경험과 공감 능력을 살려 자신감을 회복할 수 있다.

네트워크 확장 = 기회 확장

◆ VMS(사회복지자원봉사인증관리)_ www.vms.or.kr
◆ 1365자원봉사포털_ www.1365.go.kr

커뮤니티 활동을 통해 얻게 되는 인적 네트워크가 재취업 · 창업 정보나 협업 아이디어로 이어질 수 있다.

정기적으로 오프라인 모임 · 세미나 · 공동 프로젝트에 참여하면 인맥과 경험을 동시에 쌓을 수 있다.

이처럼 가족 관계를 튼튼히 다지는 동시에, 사회적 관계망을 적극 확장하면, 마음의 안정뿐 아니라 새로운 일거리 · 창업 기회도 자연스럽게 따라온다. 내 주변 사람들과 나누는 교류가 결국 내 인생 2막을 풍성하게 만들어줄 것이다.

여가 및 평생학습 설계

여가시간을 재정의하는 것이 필요하다. 과거 부모 세대에게 '여가'란 은퇴 후 소일거리나 단순한 휴식 정도로 여겨졌다. 그러나 지금의 신중년은 한층 길어진 기대수명과 다양해진 삶의 옵션 덕분에, 여가 시간을 훨씬 더 능동적이고 생산적으로 설계할 수 있게 되었다.

자유로운 시간 설계, 제2의 인생 설계

퇴직 후에도 새로운 직무나 창업, 봉사활동 등 제2의 커리어를 모색하는 신중년에게 여가시간은 단순 휴식 이상의 의미를 갖는다.

'충전과 쉼'을 통해 몸과 마음을 재정비하면서도, '새로운 도약'을 준비하는 계획의 시간이기도 하다.

예컨대 매일 아침 1시간씩 독서 · 온라인 강의 · 아이디어 노트 정리 등 작은 루틴을 쌓아가며, 향후 진로를 구체화할 수 있다.

해보지 못했던 취미 본격화

직장 생활 중에는 바빠서 도전하지 못했던 취미나 관심사를, 이제는 시간과 여유를 갖고 시도할 수 있다.

사진 · 공예 · 글쓰기 · 원예 · 음악 등 오랜 로망이 있었다면, 관련 동아리 · 학원 · 커뮤니티에 참여해보자.

이런 '취미 본격화' 과정은 신체적 · 정신적 건강을 돕는 동시에, 새로운 인간관계와 정보 교류의 장을 만들어준다.

취미가 직업으로 이어질 수 있다

과거 세대와 달리, 디지털 플랫폼과 SNS를 활용해 개인 취미를 수익화하는 사례가 늘어났다.

예컨대 여행 사진을 SNS에 공유하다가 사진작가로 활동하는 경우, 홈베이킹 취미가 온라인 베이커리 샵으로 발전하는 경우 등.

중요한 것은 '좋아서 시작한 일'을 어떻게 체계적으로 발전시키고, 시장과 연결하느냐이다. 여가가 새로운 직업의 씨앗이 될 수 있다는 사실을 기억하자.

생산적인 여가 문화 정착

은퇴 후 여가를 '쓸데없는 시간'이 아니라, '내 인생을 재정의하고 확장하는 자원'으로 인식하는 태도가 필요하다.

이때, 쉼과 충전 역시 중요한 요소이므로, 하루 중 일정 시간을 온전히 자기만의 휴식으로 배분해 에너지를 충전하면 좋다.

동시에, 남는 에너지를 자아실현과 학습, 혹은 소규모 창업이나 자원봉사 등으로 이어가면, 여가가 곧 성장으로 연결되는 선순환 구조를 만들 수 있다.

결국 여가시간을 어떻게 보낼 것인가는 은퇴 이후 삶의 방향을 좌우하는 핵심 요소이다. 더 이상 여가는 '소일거리'가 아니라, 새로운 도약을 위한 체력·정신·네트워크를 기르는 시간이라는 점을 인식한다면, 신중년에게 은퇴 후의 여가는 과거 부모 세대와 전혀 다른 의미로 다가올 것이다.

여가시간을 즐기는 데 그치지 않고, 평생학습의 기회로 삼으면 재취업·창업에 직접적으로 도움이 된다. 그래서 디지털 역량 강화로 재취업과 창업 시너지를 내보자.

온라인 학습 플랫폼

유튜브·K-MOOC·에드X 등에서 AI·빅데이터·마케팅·디자인 등 다양한 무료 강좌를 수강할 수 있다.

시간을 자유롭게 활용할 수 있어, 육아나 파트타임 근무를 병행하는 경력이음여성에게도 유리하다.

SNS·유튜브 운영

본인만의 콘텐츠를 만들어 발행해보면, 디지털 마케팅 능력과 콘텐츠 기획력을 동시에 기를 수 있다.

신중년의 경우, 오랜 현장 경험을 강의·노하우 영상으로 제작하면 새로운 수익원이 될 수도 있다.

창업 아이디어 발굴

◆K-Startup 창업지원포탈_ www.k-startup.go.kr

취미가 발전해 제품 판매·컨설팅·교육 등 비즈니스로 확장되는 사례가 늘고 있다.

온라인에서 소비자 반응을 실험하면서, 소규모 창업을 안정적으로 시도할 수 있다.

결국, 여가와 학습을 결합하면 '심신 건강+자기 계발+수익 창출 기회'라는 일석삼조 효과가 가능하다. 경력이음여성과 신중년 모두, 새로운 디지털 시대에 맞춘 역량을 차근차근 쌓아나가면 인생 2막을 좀 더 다채롭게 펼칠 수 있다.

바로 써보는 워크시트

생애설계 5대 핵심영역 현황표

나의 이름은 _____입니다.

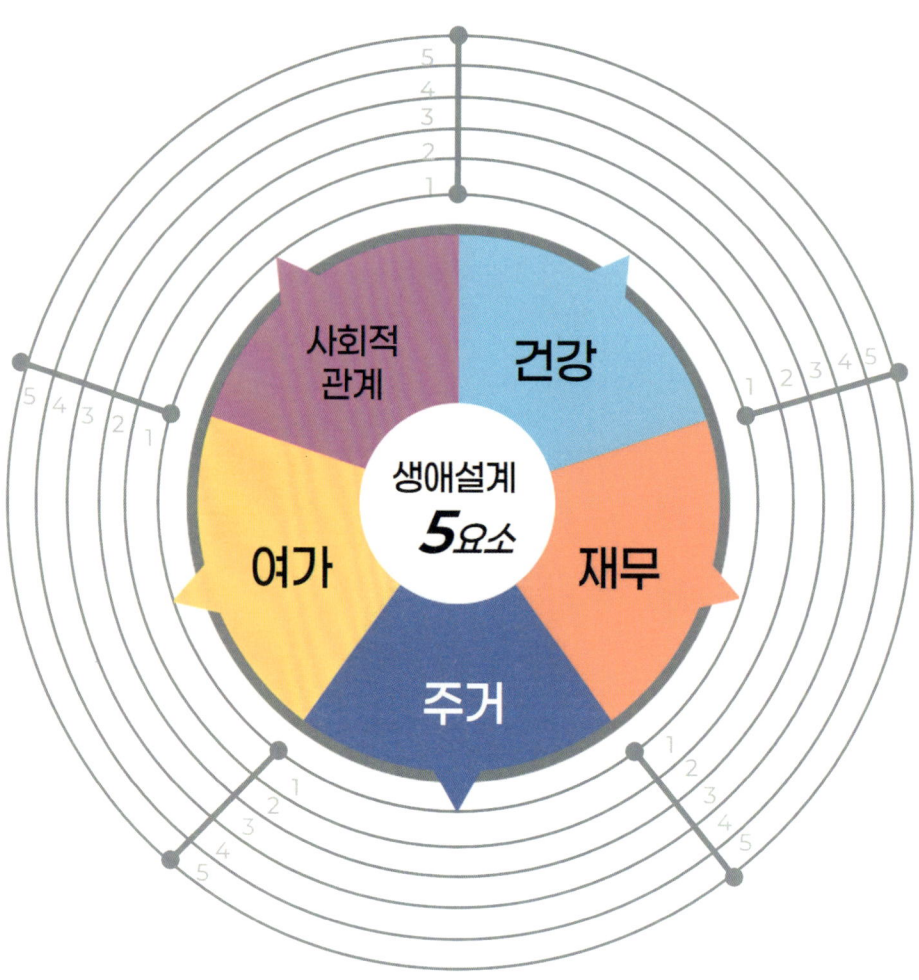

👆 한눈에 정리! 이렇게만 하세요

건강 설계
근육(근테크)과 정신건강을 함께 관리해 인생 후반의 체력을 '핵심 자산'으로 삼는다.

재무 설계
퇴직금·연금·부채·투자의 균형을 유지하고, 정부 지원제도를 적극 활용하여 안정된 경제 기반을 마련한다.

주거 설계
다운사이징과 라이프스타일을 결합해, 장기적으로 편안하고 경제적인 주거 환경을 선택한다.

여가 및 평생학습 설계
취미를 직업으로 확장하고, 디지털 역량을 키워 제2의 인생에 시너지를 만든다.

가족·사회적 관계 설계
낀 세대 부담을 줄이기 위해 열린 대화와 역할 분담을 실천하고, 커뮤니티 참여로 삶을 풍요롭게 한다.

04

미래 진로 설계

주요 산업 전망과 나의 포지셔닝

인공지능은 이제 제조·서비스·교육·의료 등 거의 모든 산업에 접목되어, 업무 효율과 경쟁력을 좌우하고 있다. 단순 반복 업무는 자동화되면서, 인간에게는 창의성·문제해결 능력이 더욱 요구된다.

HOW TO
AI 기초 개념 익히기 : 유튜브, K-MOOC, 에드X 등에서 제공하는 AI·빅데이터 입문 강좌를 수강해, 최신 흐름을 파악한다.
인공지능 도구 체험 : 챗지피티(ChatGPT), 구글 재미나이(Google Gemini), 퍼플렉시티(Perplexity) 등을 직접 사용해보며, 실무 적용 아이디어를 얻는다.
산업별 적용사례 찾아보기 : 내 업계(또는 관심 산업)에 AI가 어떻게 쓰이고 있는지, 구체적인 성공·실패 사례를 온라인 기사·세미나로 접한다.

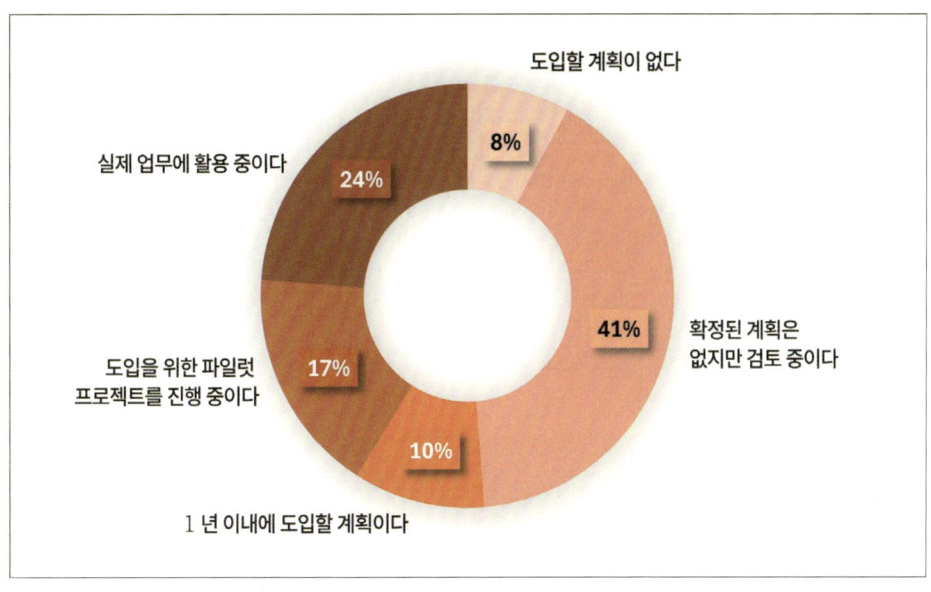

AI 기술 도입 현황

    이 도넛형 그래프는 기업들의 AI 기술 도입 현황을 보여주며, 각 도입 단계에 따른 비율을 시각적으로 나타낸 것이다.

- 41%는 "확정된 계획은 없지만 검토 중이다"고 응답해, 가장 많은 비중을 차지하였다. 이는 많은 기업이 아직은 탐색 단계에 머물러 있음을 보여준다.
- 24%는 "실제 업무에 활용 중이다"고 응답하여, 이미 AI 기술을 실무에 도입한 기업도 적지 않음을 나타낸다.
- 17%는 "도입을 위한 파일럿 프로젝트를 진행 중이다"고 응답해, 시험적 적용을 통해 도입 여부를 판단하는 기업도 상당수 존재함을 알 수 있다.
- 10%는 "1년 이내에 도입할 계획이다"고 밝혀, 비교적 가까운 시일 내 AI를 실질적으로 도입하려는 준비가 진행되고 있음을 시사한다.
- 8%는 "도입할 계획이 없다"고 응답해, 여전히 AI 도입에 부정적이거나 필요성을 느끼지 않는 기업도 있음을 보여준다.

이 그래프는 전반적으로 기업들이 AI 기술에 높은 관심을 갖고 있으나, 상당수가 아직 도입을 위한 준비 단계 또는 검토 단계에 머물러 있음을 반영한다.

AI·디지털 기술이 폭발적으로 확산됨에 따라, 신중년과 경력이음여성 모두 기존 방식과는 전혀 다른 '일의 방식·시장 구조'를 마주한다. 자동화로 일자리가 줄어든다는 우려도 있지만, 오히려 새로운 업무·직무가 생겨나는 기회가 되기도 한다.

신중년 관점

현장 경험과 인맥이 강점이므로, 디지털 협업툴이나 온라인 마케팅을 배워 과거 경력을 업그레이드해야 한다.

HOW TO

예컨대 컨설팅을 염두에 둔다면, 전문 분야의 최신 이슈를 챗봇으로 리서치하여 세미나 자료를 만들고, 온라인 강의 플랫폼에서 시험적으로 강의를 열어본다.

경력이음여성 관점

육아·가사로 생긴 공백기에 변화한 산업·기술을 빠르게 학습해야 한다.

HOW TO

자녀 돌봄 경험을 육아·교육 콘텐츠로 기획해 SNS나 블로그에 연재해 보고, 기업이나 기관에 강연·원고를 제안한다. 결혼이주여성이라면 이중언어 강점을 살려 해외 SNS나 전자상거래 플랫폼으로 확장할 수도 있다.

진로 선택 전략

재취업 기회 확보 전략 6단계

정규직 외에도 프로젝트성 계약 등 다양한 형태의 고용이 증가하고 있다. 신중년과 경력이음여성 모두 과거 경력과 디지털 역량을 결합하여 효과적으로 재취업 기회를 확보할 수 있다.

[1단계] 자기진단 : 나를 객관적으로 보기

항 목	체크	메모
과거 경력 및 직무 경험을 정리했다	☐	
내가 잘했던 일, 어려웠던 일은 무엇인지 파악했다	☐	
나의 강점과 약점을 SWOT 분석해봤다	☐	
건강·가족·시간 여건상 가능한 업무 형태를 점검했다	☐	

[2단계] 환경분석 : 지금 시장(Market)은 어떤 상황인가?

항 목	체크	메모
나에게 맞는 산업군과 직무를 조사했다	☐	
2025~2030 유망 직업군을 알아보았다	☐	
재취업 가능 채용 채널(고용24, 임금직업포털 등)을 정리했다	☐	
디지털·AI 시대에 필요한 능력을 파악했다	☐	

[3단계] 핵심 역량 재정의 : 나만의 경쟁력 만들기

항 목	체크	메모
과거 경험을 현재 업무 언어로 재해석했다	☐	
디지털 협업툴, SNS 등 기본 툴을 익히기 시작했다	☐	
나만의 강점 키워드(예 : 문제해결력, 고객관리능력)를 정의했다	☐	

[4단계] 이력서 & 자기소개서 준비 : 나를 문서로 표현하기

항 목	체크	메모
최신 이력서를 작성해보았다	☐	
자기소개서 초안을 작성하고 피드백을 받았다	☐	
온라인 포트폴리오/프로필을 정비했다	☐	
공백기를 '경험'으로 바꾸어 서술했다	☐	

[5단계] 실행 전략 수립 - 정보 찾고 실행 계획 세우기

항 목	체크	메모
목표 직무와 지원 기업군을 정했다	☐	
매주 이력서 지원/면접/학습 계획표를 작성했다	☐	
하루에 1회 이상 채용정보를 확인하고 있다	☐	

[6단계] 네트워크 & 피드백 : 연결하고 반복하기

항 목	체크	메모
주변 동료나 커뮤니티와 정보 교류를 시작했다	☐	
면접/지원 후 피드백을 정리해보고 있다	☐	
나만의 재취업 플래너 혹은 실행노트를 운영 중이다	☐	

창업/N잡 전략 6단계

N잡(멀티잡)과 창업이 활성화되는 현 시대에 맞추어, 신중년은 현장 경험과 디지털 역량을 결합하여 컨설팅·강의 등을, 경력이음여성은 육아 및 가사 경험과 언어적 역량을 기반으로 글로벌 커머스나 온라인 플랫폼 창업을 고려할 수 있다. 창업/N잡 전략 6단계(작게 시작해서, 나답게 확장하라!)를 시도해보자.

[1단계] 나만의 강점 찾기 : 나에게 맞는 비즈니스는 무엇인가?

과거 경험, 재능, 취미 중 수익화 가능성이 있는 것 정리
일/가사/건강 상황에 맞는 업무 스타일 파악 (온라인/오프라인, 혼자/협업 등)
'누구에게, 무엇을, 어떻게' 제공할 수 있을지 아이디어 메모

▶ **워크시트** : 내 강점 매핑표, 고객 페르소나 스케치

[2단계] 시장 탐색 : 지금 사람들이 돈 쓰는 분야는?

유망한 분야 조사(2025~2030 근미래 전망 기반)
N잡 플랫폼 탐색 : 크몽, 탈잉, 숨고, 쿠팡파트너스 등
기존 창업자/N잡러 사례 분석 → 나와 겹치는 점 찾기

▶ **워크시트** : 시장 키워드 리서치, 경쟁자 벤치마킹 노트

[3단계] 나만의 수익모델 설계 : 작지만 지속 가능한 모델 만들기

틈새 수요 → 나만의 미니 서비스/제품 기획
수익구조 : 콘텐츠 판매, 온라인 강의, 위탁 판매, 중개 등
초기비용, 소요시간, 월 목표 수입 예측

▶ **워크시트** : 비즈니스 캔버스(1인용), 수익구조 시뮬레이션표

[4단계] 실행 준비 : 작게라도 오늘 시작하자

명칭/채널 개설(네이버 블로그, 인스타, 스마트스토어 등)
간단한 포트폴리오/서비스 소개 정리
SNS 테스트 콘텐츠 업로드 → 시장 반응 체크

▶ **워크시트** : 콘텐츠 캘린더, SNS 운영계획표

[5단계] 파일럿 실행 & 개선 : 작게 시도하고 빠르게 수정하자

무료 체험/샘플 제공 → 피드백 수집
첫 수익 발생 시점 기록(작아도 성취감을!)
고객 반응 기반으로 수정 & 브랜딩 방향 보완

▶ 워크시트 : 고객 피드백 수집표, 실행 후 성찰일지

[6단계] 확장 전략 수립 : 나답게 확장하고 연결하자

N잡 → 창업 확장 가능성 분석
지역 커뮤니티, 센터, 지원사업 연계
나만의 '시그니처' 만들기 : 콘텐츠/디자인/스토리

▶ 워크시트 : 향후 6개월 플랜, 브랜딩 키워드 찾기

사회 공헌 활동 전략 4단계

사회공헌은 자존감 회복 → 커뮤니티 소속감 → 재취업/창업 기회까지 연결되는 인생 2막의 '경험 자산화' 과정이다. 사회공헌활동 전략 4단계를 시도해보자. 가치를 나누면 기회는 돌아온다.

[1단계] 나의 경험 자산 재정리 : 내가 겪은 일이 누군가에게 도움이 될 수 있다

과거 직무, 가사, 육아, 간병, 이민, 창업 등 어떤 경험이든 타인에겐 유의미한 자원
내 경험이 필요한 곳 : 교육, 멘토링, 다문화, 청소년, 환경, 복지, 행정지원 등
키워드 매핑: 나는 이런 경험이 있다 → 이것이 필요한 대상은 누구인가?

▶ **워크시트** 예 : 내 경험 – 기여 가능 영역 연결표

[2단계] 참여 방식 탐색 : 오프라인에서 온라인까지, 다양한 방식으로 연결하자

대면형 : 지역 복지관, 자원봉사센터, 다문화센터, 도서관, 학교, 노인시설 등
비대면형 : 온라인 상담, AI멘토링, 블로그나 SNS로 지식 나눔, 줌 강의 등
재능기부형 : PPT 제작, 행정지원, 콘텐츠 디자인, 글쓰기, 번역, 사진 촬영 등
사회적경제 연계형 : 사회적기업, 마을기업, 협동조합과의 프로젝트 협업

▶ 참여기관 리스트 & 신청 루트 정리 표 만들기

[3단계] 브랜딩으로 연결하기 : 봉사도 커리어다, 스토리화하자

활동 경험은 곧 '포트폴리오'
SNS, 블로그, 이력서, 자기소개서에 구체적 경험으로 표현
사회공헌 활동이 취업/창업 면접 질문의 '스토리 카드'가 될 수 있다.
이력서 표현 예 : '○○복지관 디지털 서포터즈 활동(2024)', '결혼이주여성 대상 한국어 코칭(월 2회 정기 운영, 6개월간)'

▶ **워크시트** 예 : 봉사활동 → 경력화 매핑 시트

[4단계] 지속 가능한 나눔 루틴 만들기: 의미는 이어져야 한다. 가볍게, 꾸준히

주 1회, 월 2회 등 현실 가능한 주기로 참여
친구와 함께 시작하면 지속성이 올라감
향후에는 멘토 → 리더 → 강사로 성장 가능
지역 커뮤니티와 연계해 소규모 프로젝트 제안도 가능

▶ **루틴표** 예 : 월간 사회공헌 루틴 캘린더

📋 **바로 써보는 워크시트**

나의 진로 준비 상황 체크표

주제	
경험 및 실무 분야	
향후 관심 분야	
필요한 기술 및 과정	
관련 자격증 및 심화교육	

📋 바로 써보는 워크시트

나의 인생설계 커리어 로드맵

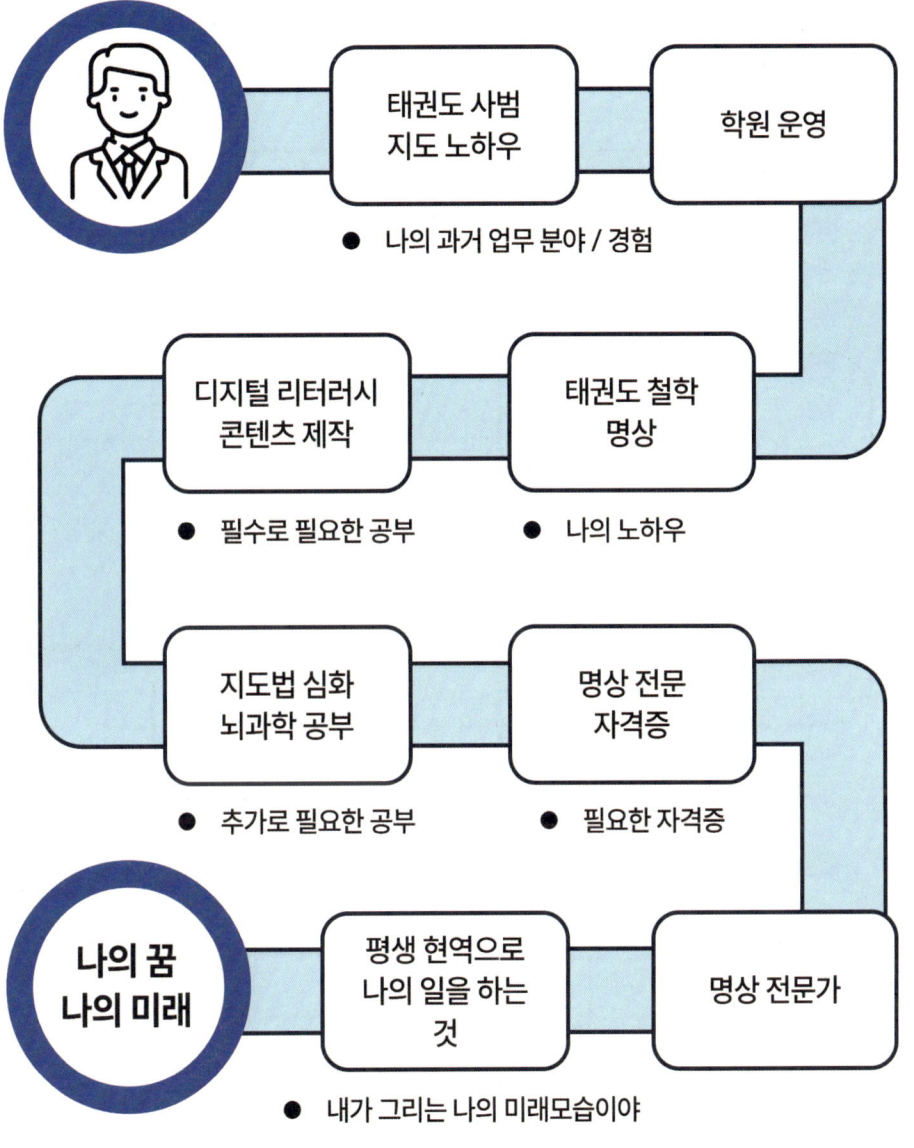

📋 **바로 써보는 워크시트**

나의 인생설계 커리어 로드맵

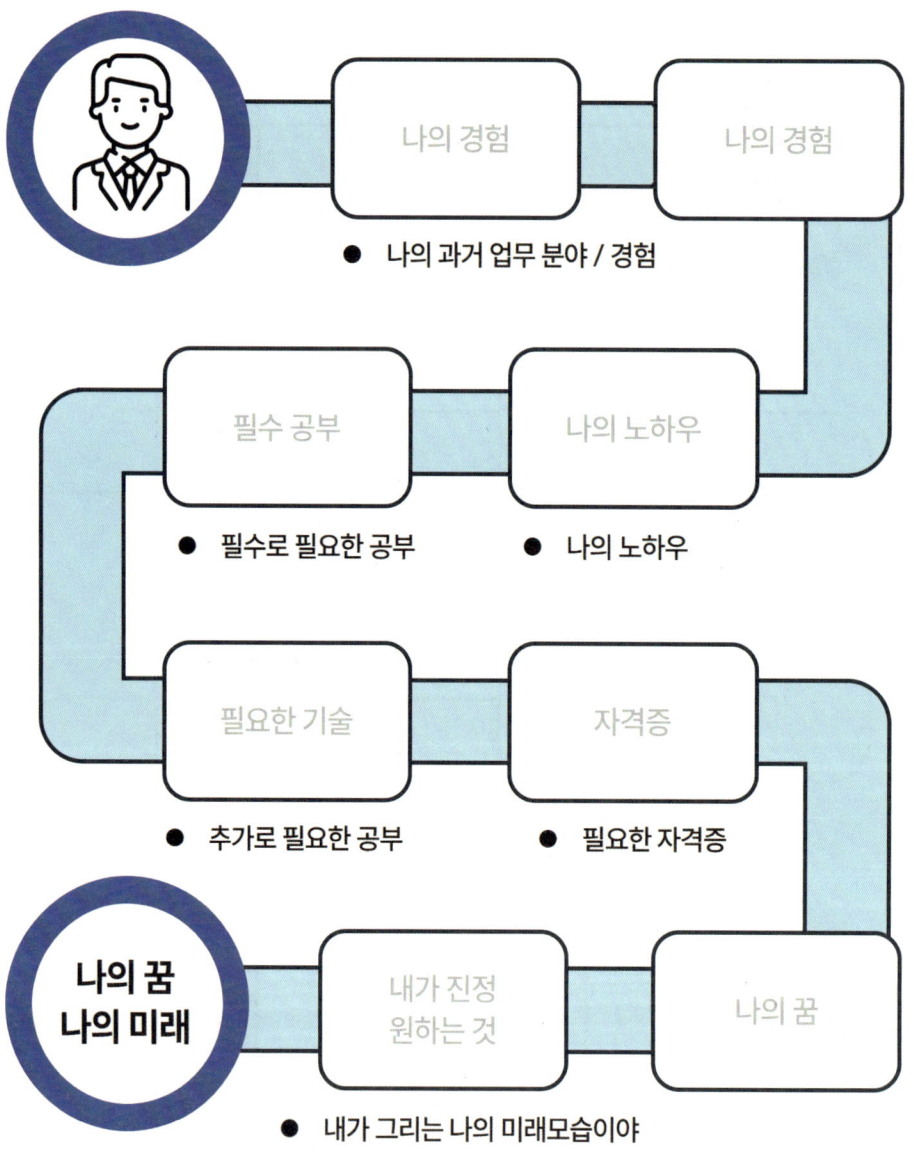

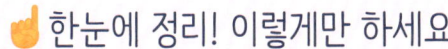 한눈에 정리! 이렇게만 하세요

재취업 전략

과거 경력과 경험을 '객관적 지표'로 진단하라.

디지털 역량과 조직문화 변화를 반영해 내 경험을 '재해석'하라.

이력서와 자기소개서는 '경험 중심'으로 스토리 있게 구체화하라.

채용 정보 수집과 실행계획을 '루틴화'하고 점검하라.

네트워크와 피드백 루틴을 '구체적 행동'으로 만들고 유지하라.

창업/N잡 전략

나의 강점과 취미를 수익으로 연결할 수 있는 현실적인 아이템을 기획하라.

유망 산업군과 N잡 플랫폼을 미리 조사해 나에게 맞는 영역을 선별하라.

소규모 테스트부터 시작해 시장의 반응을 빠르게 수집하고 수정하라.

SNS, 블로그, 유튜브 등 온라인 채널을 활용해 가볍게 시도해보라.

피드백과 데이터를 반영해 나만의 지속 가능한 모델로 발전시켜라.

사회공헌활동 전략

내 경험과 역량이 필요한 사람이나 단체와 의미 있게 연결하라.

대면이 어렵다면 비대면 재능기부, 온라인 봉사 등 다양한 방식으로 참여하라.

활동 이력을 정리해 이력서나 SNS에 기록하고 포트폴리오로 활용하라.

작고 반복적인 활동도 꾸준히 이어가면 나만의 브랜드와 기회로 확장된다.

2
입사지원서의 모든 것

01

입사지원서를 보는 진짜기준

　재취업을 준비하는 많은 중장년 구직자들에게 입사지원서 작성은 낯설고도 어려운 과업일 수 있다. 오랜 기간 한 직장에서 근무하며 이력서를 마지막으로 써 본 지 수십 년이 지난 경우도 있으며, 인맥이나 추천을 통해 자연스럽게 입사했던 이들에게는 서류 작성이라는 과정 자체가 생소할 수 있다.

　과거에는 이력서보다 사람 간 신뢰나 면접이 더 중요하게 여겨졌던 시절도 있었다. 그러나 지금은 다르다. 입사지원서는 단순한 절차가 아니라, 당신을 대표하는 문서적 '첫인상'이다. 기업은 수많은 지원자 중에서 당신을 알기 위해 가장 먼저 이 서류를 마주하게 되며, 그 한 장 속에서 당신의 태도, 가치, 역량, 그리고 조직과의 조화를 가늠할 수 있다.

　이력서와 자기소개서는 단지 경력을 나열하는 공간이 아니다. "나는 이런 사람입니다", "귀사에 이런 기여를 할 수 있습니다"처럼 지원자는 글을 통해 자신을 설득력 있게 소개하고, 기업의 필요와 나의 역량이 어떻게 맞닿아 있는지를 보여주어야 한다. 특히, 면접으로 이어지는 과정에서는 이 서류가 비교의 기준이자 공식적인 평가자료로 활용되며, 나를 설명해줄 중요한 '기반 문서'가 된다.

　따라서 이력서는 지금까지의 삶을 정리하는 데 그치지 않고, 앞으로의 가능성을 보여주는 설득의 도구이자 미래를 여는 문이어야 한다. 서류 안에 담긴 단어 하나, 문장 하나가 인사담당자의 마음을 움직일 수 있다. 지금 이 순간, 당신이 손에 쥐고 있는 이력서가 바로 인생 후반전을 시작하는 가장 강력한 열쇠일 수 있다.

기업에서 중장년층을 채용하는 이유

기술은 하루가 다르게 진보하고, 세대는 빠르게 교체되고 있다. 그러나 이토록 변화가 빠른 시대일수록, 조직은 묻는다.

"지금 우리에게 필요한 사람은 누구인가?" 이 질문에 대한 대답은 점점 분명해지고 있습니다. '경험이 있는 사람', '위기를 읽을 줄 아는 사람', '사람을 아는 사람', 그리고 '변화 속에서도 중심을 잡아줄 수 있는 사람', 정답은 바로 '중장년층'이다.

국내 661개 기업을 대상으로 한 조사 결과, 전체의 75.3%가 중장년층을 채용한 경험이 있다고 답했다. 이는 기업 10곳 중 8곳이 중장년 인재를 실질적으로 고용하고 있다는 의미로, 더 이상 중장년 채용이 예외적인 사례가 아님을 보여준다.

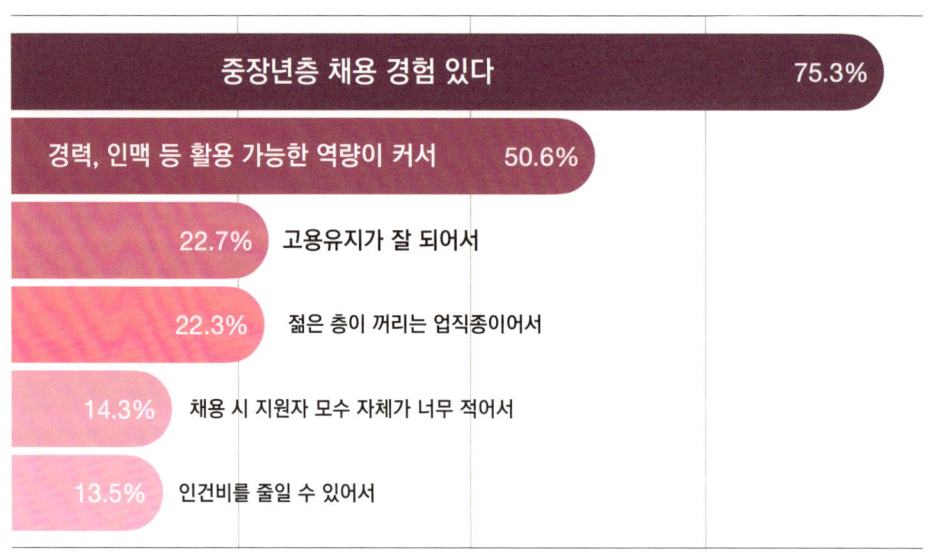

기업 10곳 중 8곳, "중장년층 채용했다!"

- 중장년층 채용 경험 있다 75.3%
- 경력, 인맥 등 활용 가능한 역량이 커서 50.6%
- 22.7% 고용유지가 잘 되어서
- 22.3% 젊은 층이 꺼리는 업직종이어서
- 14.3% 채용 시 지원자 모수 자체가 너무 적어서
- 13.5% 인건비를 줄일 수 있어서

기업 661개사 설문조사
중장년층 직원을 채용한 이유(복수응답)
출처 : 사람인

단순한 통계 수치를 넘어, 이 데이터는 다음과 같은 산업 현장의 실질적 변화를 말해준다. 이는 중장년층의 경력과 인적 네트워크 등이 업무에 장점이 되기 때문이라 답했다. 이와 같은 결과를 보았을 때 기업에서 숙련된 경험을 가진 인재를 뽑기 위해 중장년층 채용을 진행한다는 것을 알 수 있다. 그래서 중장년층은 구직활동을 할 때 숙련된 경험을 가진 인재라는 것을 어필하는 것이 매우 중요하다.

가장 높은 응답률을 보인 항목은 '경력과 인맥 등 활용 가능한 역량이 커서'(50.6%)였다. 이는 중장년층이 보유한 실무경험, 산업에 대한 이해, 그리고 다양한 관계 자산이 기업 입장에서 즉시 투입 가능한 실전형 자원으로 평가받고 있음을 보여준다. 특히 중소기업의 경우, 인재를 천천히 육성하기보다는 즉시성과와 안정적 업무수행 능력을 중시하기 때문에, 경력자의 가치는 더욱 높게 나타난다.

두 번째로 높은 응답은 '고용유지가 잘 되어서'(22.7%)이다. 이는 중장년층이 일반적으로 조직 내에서 안정적인 태도와 책임감을 갖고 장기 근속할 가능성이 높다는 점을 반영한다. 또한 '젊은 층이 꺼리는 업직종이라서'(22.3%)라는 항목 역시 중장년층의 고유한 역할을 강조한다. 고된 노동환경이나 반복 업무를 회피하는 젊은 세대와 달리, 성실성과 현장 적응력이 높은 중장년층은 특정 직무에서 중요한 자원으로 평가받는다.

한편, '채용 시 지원자 수 자체가 너무 적어서'(14.3%), '인건비를 줄일 수 있어서'(13.5%)라는 이유도 눈에 띈다. 이는 현실적인 인력 수급 문제와 연계된 부분으로, 중장년층의 유연한 급여 기대치와 책임감 있는 자세가 기업에게 실질적인 이점으로 작용하고 있음을 시사한다.

이 통계를 통해 우리는 한 가지 중요한 흐름을 읽을 수 있다. 중장년층에 대한 기업의 시선이 '부담'에서 '전략적 자산'으로 전환되고 있다는 사실이다. 기술 변화와 디지털 전환의 시대임에도 불구하고, 여전히 사람과 조직을 안정적으로 연결하고, 현장의 맥을 읽어내는 데에는 '경험'이라는 무형의 자산이 필요하다. 기업은 그 가치를 다시금 인식하고 있으며, 이는 곧 중장년층에게 재도약의 기회이자, 인생 2막의 중요한 전환점이 될 수 있다.

중장년층 채용 시 희망 연령대
10곳 중 4곳 '50대 이상도 상관없다'

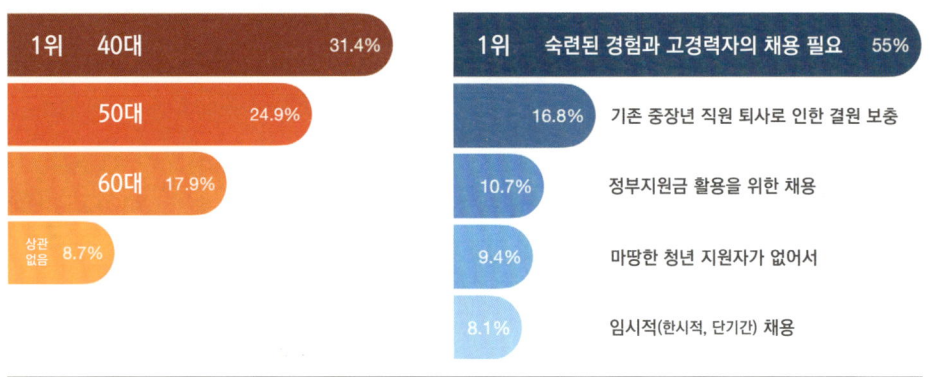

중소기업들 50대 이상 중장년층 선호…'인성과 품성' 우선 고려 34.9%
5인 이상 중소기업 238곳 조사
출처 : 벼룩시장 구인구직

'나이가 많아서 불리할까?'라는 중장년 구직자들의 가장 큰 고민에 대해, 이번 통계는 분명한 답을 내놓는다. 5인 이상 중소기업 238곳을 대상으로 한 조사 결과, 무려 중소기업 10곳 중 4곳이 50대 이상도 채용에 상관없다는 태도를 보이고 있다. 연령보다 중요한 것은 바로 숙련된 경험과 실질적인 역량이라는 메시지다.

중소기업들이 중장년층을 채용할 때 희망하는 연령대로는 40대(31.4%)가 가장 높게 나타났다. 이는 업무 이해도가 높고 조직 적응력도 유연한 연령대로 인식되기 때문이다. 하지만 2위는 50대(24.9%), 3위는 60대(17.9%)로, 50대 이상에 대한 수요도 결코 적지 않다. 특히 '상관없음'이라고 응답한 비율도 8.7%에 이르는 점은, 연령 그 자체보다 개인의 역량과 태도가 더 중요하게 평가되고 있음을 시사한다. 이러한 결과는 중장년층에게 '나이는 숫자에 불과하다'는 말이 현실이 될 수 있다는 희망의 근거가 된다.

중장년층 채용의 이유를 묻는 질문에서 가장 많은 응답을 얻은 항목은 단연 '숙련된 경험과 고경력자의 채용 필요'(55%)였다.

이는 중장년층이 쌓아온 현장 경험, 문제 해결 능력, 위기 대응력 등 실전형 역량이 기업에게 실질적 가치로 작용하고 있다는 점을 보여준다.

이외에도 기존 직원의 퇴사로 인한 인력 공백 보충(16.8%), 정부 지원금 활용 목적(10.7%), 청년 인력의 부족(9.4%) 등 다양한 현실적 요인들이 복합적으로 작용하고 있다. 특히, 청년층 인력의 부족이나 구인난 상황 속에서 중장년층이 '대체 인력'이 아닌 '핵심 인력'으로 재조명되는 변화는 주목할 만하다.

위 통계를 통해 우리는 다음과 같은 시사점을 얻을 수 있다.

연령은 절대적인 제약이 아니다

실제 현장에서는 50대, 60대에 대한 수요도 활발하며, 이는 '적절한 태도'와 '현실적 연봉 기대', '즉시 전력화'라는 조건을 충족할 경우 나이는 문제되지 않는다는 점을 뒷받침한다.

기업은 경험을 원한다

복잡하고 변화가 잦은 업무 환경에서, 중장년층이 갖고 있는 경력 기반의 문제해결력과 업무 통제력은 조직의 안정성을 높이는 자산으로 작용한다.

구직자는 경험을 현재형으로 말할 수 있어야 한다

과거의 경력만을 강조하기보다는, 현재 그 경험이 어떤 방식으로 새로운 조직에 기여할 수 있는지를 이야기할 수 있어야 한다.

이것이 바로 채용 가능한 중장년'과 '기억 속의 경력자'를 가르는 분기점이다.

이력서는 단지 과거의 경로를 기록하는 문서가 아닙니다. 변화하는 시대의 요구에 부응하며 자신을 재정의하고, 유연한 사고와 함께 조직과의 동반 성장을 지향하는 태도를 담아낼 수 있다면, 그것만으로도 인사담당자의 마음을 움직일 수 있습니다. 이제는 인생의 제2막을 기대하며, 새로운 기회의 문을 여는 후반전을 멋지게 만들어보자.

기업이 진짜 원하는 6가지 중장년 인재상

업무생산성 능력 : 성과를 만들어내는 실행력

중소기업은 대기업에 비해 인력 자원이 제한적이다. 따라서 한 사람의 역할과 책임이 더 크고, 즉시 성과를 만들어낼 수 있는 실행 중심의 업무능력을 중요하게 생각한다. 중장년 경력자에게는 단순히 '일을 한다'는 수준을 넘어, 주어진 자원과 시간 내에 결과를 창출하는 생산성과 자기주도적 업무 태도가 요구된다. 이때 과거 경험은 강점이 되지만, 현재 환경에 맞게 속도감 있게 적용할 수 있는 역량이 핵심이다. 실무에서의 효율, 정확한 판단, 반복 업무의 개선 등으로 기업의 실질적인 성과에 기여할 수 있어야 한다.

(합리적인) 보수 : 가치와 보상 간의 균형감각

중소기업은 대기업처럼 높은 연봉을 제시하기 어려운 경우가 많다. 이 때문에 자신의 역량과 기여 수준에 맞는 합리적인 보수 기대치를 가진 인재를 선호한다. 중장년 구직자들이 경력만큼 높은 연봉을 고집하는 경우, 중소기업 입장에서는 부담이 되어 채용이 꺼려지기도 한다. 반대로 자신의 전문성을 현실적인 조건 안에서 조율할 수 있는 유연함을 가진 경우, 중소기업은 매우 반긴다. 중요한 것은 보수 그 자체가 아니라, "내 경험과 실력이 이 조직 안에서 어떻게 쓰일 수 있을까?"를 먼저 고민해보는 것이다.

빠른 직무이해 : 기초를 뛰어넘는 실전감각

중소기업은 신입을 장기간에 걸쳐 교육할 여유가 부족한 경우가 많다. 따라서 업무를 빠르게 파악하고 실전에 적응하는 능력이 무엇보다 중요하게 평가된다.
중장년층은 풍부한 실무 경험을 통해 쌓은 직무 감각, 현장 이해력, 문제 핵심을 짚어내는 통찰력에서 강점을 가질 수 있다. 하지만 산업이나 제품군이 달라지면, 기초부터 다시 배우려는 겸손한 태도 또한 필수다. 기존의 경험만을 고집하기보다, 새로운 시스템과 프로세스를 유연하게 수용하고 익히는 융통성이 있어야 한다. 기업은 이러한 학습 민첩성과 적응력을 갖춘 인재를 높이 평가하며, 실질적인 전력으로 신뢰한다.

기존조직원과의 조화 : 수평적 관계에서의 신뢰 구축

중소기업은 조직 규모가 크지 않기에 구성원 간의 관계가 밀접하게 얽혀 있다. 따라서 중장년층에게는 세대 간의 거리를 좁히고, 젊은 직원들과 조화롭게 협력할 수 있는 태도가 중요하다. '내가 더 많은 경력을 가졌다'는 태도보다는, 경험은 나누되 강요하지 않고, 후배들과 열린 마음으로 소통하며 신뢰를 쌓는 역량이 요구된다. 이처럼 조직 내 조화를 이룰 줄 아는 중장년 인재는 단순한 구성원을 넘어, 조직문화에 긍정적인 변화를 이끄는 촉매자로 자리매김할 수 있다.

직장 내 환경 적응 능력 : 빠르게 변화하는 흐름에 유연하게 대응

중장년층에게는 과거의 익숙한 방식에서 벗어나 새로운 업무 방식과 도구를 기꺼이 배우고 적응하려는 태도가 필요하다. 특히 중소기업은 변화에 민감하고 실무 중심으로 운영되기 때문에, 새로운 문화와 시스템에 신속히 녹아들 수 있는 유연성이 요구된다. 기술에 대한 거부감보다는, '새로운 환경에 나를 맞추겠다'는 열린 자세와 지속적인 학습 의지가 무엇보다 중요하다.

경험에 기반한 유연한 문제판단력

중소기업은 예측 불가능한 상황에 직면할 때, 경험에서 비롯된 판단력과 대처 능력을 지닌 중장년 인재를 '위기관리의 버팀목'으로 본다. 문제의 본질을 빠르게 파악하고, 조직을 유연하게 조율하며, 해결책을 도출하는 능력은 단순한 기술이 아닌, 사람과 조직을 함께 보는 균형 잡힌 관점에서 나온다. 오늘날 중소기업은 '과거의 경력'보다 현재의 적응력, 실행력, 배우려는 태도, 협업하는 자세를 중시한다. 경험은 풍부하되, 여전히 성장하려는 사람 이러한 인재가 중소기업이 진정으로 원하는 인재이다.

입사지원서 작성의 3가지 어려움

구직을 준비하는 중장년층에게 있어 이력서나 자기소개서 작성은 단순한 문서 작성 그 이상의 의미를 지닌다. 이는 그동안의 삶을 정리하고, 앞으로의 가능성을 조직에 전달하는 작은 인생 설계서와도 같기 때문이다. 그러나 많은 분들이 이 과정을 앞에 두고 막막함과 부담을 느끼곤 한다. 그 이유는 크게 세 가지 유형으로 나뉘어 볼 수 있다.

1. 너무 오랜만이라 낯선 유형 – 작성 자체가 부담스러운 이들

> 한 직장에서 오랫동안 근무하시다가 퇴직하신 분들, 혹은 경력 단절 이후 오랜만에 구직을 준비하시는 분들에게는 입사지원서 자체가 낯설고 생소한 문서일 수 있다. 저자 역시 중장년층을 대상으로 강의를 진행할 때 자주 묻는다.
> "입사지원서를 마지막으로 작성해보신 것이 언제인가요?"
> 돌아오는 대답은 대부분 이렇다. "음... 거의 20년 전인 것 같아요."
>
> 이처럼 서류 작성 경험이 부족하거나, 최근 기업들이 요구하는 NCS 기반 양식이나 공공기관 서류 방식에 익숙하지 않은 경우, 더욱 큰 심리적 장벽을 느끼게 된다. 특히 자기소개서의 경우, 한 번도 써본 적이 없다는 분들도 적지 않다. 그러나 중요한 것은, 낯설다고 해서 포기할 필요는 없다는 사실이다. 지금의 구직 시장은 단지 형식보다, 얼마나 진정성 있게 자신을 전달할 수 있는지를 더 중요하게 본다. 부담감을 갖기보다는, 새로운 글쓰기 방식을 배우는 과정이라 여기며 천천히 시작해 보시길 권한다.

2. 경험이 떠오르지 않는 유형 – 기억을 되짚기 어려운 이들

> 나이가 들수록 과거의 일을 또렷하게 떠올리는 것은 쉬운 일이 아니다. 저자 역시 강의 중 수강생들과 함께 자기소개서 작성 실습을 진행할 때, 경험을 기반으로 쓰는 문항에서 막막함을 느끼는 경우를 자주 목격한다.

> "도대체 어떤 경험을 써야 하죠?"
> "이런 일도 자기소개서에 적어도 되는 건가요?"
> 이럴 때 유용한 방법은, CAR 기법(Context, Action, Result)을 활용해 자신의 경험을 정리하는 것이다.
> 처음엔 막막하게 느껴지더라도, 업무 중 칭찬받았던 일, 포상을 받았던 기억, 남들이 자주 의지했던 순간들을 떠올려 보자. 그 모든 순간이, 지금의 나를 증명해주는 값진 재료가 된다. 관련성이 없어 보이는 경험도 적절한 연결을 통해 충분히 설득력 있게 풀어낼 수 있는 방법이 있다.

3. 말은 잘하지만 글쓰기는 어려운 유형 - 정리의 기술이 필요한 이들

> 중장년층 구직자 중에는 말로는 자신 있게 표현하시지만, 글로 정리하는 것에 부담을 느끼는 경우도 많다.
> "교수님, 말로는 잘 하겠는데 글로 쓰려니까 영 자신이 없어요."
> 이러한 분들은 특히 면접에서는 자연스럽게 이야기하더라도, 간결하고 핵심적인 표현을 놓치기 쉬운 유형이다.
> 이른바 "왕년에는~"으로 시작되는 서사는 자칫 인사담당자의 집중을 흐트러뜨릴 수 있다. 면접은 이야기 시간이 아닌, 핵심 역량을 시간 내에 전달하는 무대입니다. 자기소개서도 마찬가지입니다. 결론부터 제시하고, 그에 부합하는 사례를 덧붙이는 구조가 설득력을 높이는 가장 좋은 방법이다.

이력서와 자기소개서를 쓰는 일은 단순히 회사에 제출하는 문서를 만드는 것이 아니다. 그것은 자신의 삶을 돌아보고, 나의 가치와 방향을 스스로 확인하는 의미 있는 시간이다. 쓰는 것이 낯설다고 해서 주저하지 말자. 기억이 흐릿하다고 해서 포기하지 말자. 말로는 잘하지만 글이 어렵다고 해서 뒤로 물러서지 말자. 중요한 것은 '잘 쓰는 것'이 아니라, '내 이야기를 내 말로 시작하는 것'이다.
그 시작은 언제나 당신에게 있다.

02

신뢰감을 주는 이력서 작성하기

멋진 이력서의 조건

이력서는 단지 경력을 나열하는 문서가 아니다. 그것은 삶의 궤적을 정리해 보여주는 단 한 장의 설득서이며, 무엇보다 '당신이 믿을 수 있는 사람'임을 기업에게 전달하는 신뢰의 증명서이다. 특히 중장년층에게 이력서는 그 무게가 다르게 다가온다. 단지 얼마나 오래 일했느냐가 아니라, 어떻게 일해왔고, 앞으로 어떻게 기여할 수 있는 사람인가를 보여주는 것이 핵심이다.

멋진 이력서의 첫 번째 조건 – 정돈된 구조와 정보의 명확성

기업이 이력서를 통해 가장 먼저 확인하는 것은 문서의 질서감과 전달력이다. 불필요하게 길거나, 중요한 내용이 흐릿한 이력서는 그 자체로도 '정리 능력'에 의문을 줄 수 있다.

중장년층 이력서는 다음 세 가지가 갖추어져야 한다.
01 깔끔한 레이아웃 – 글꼴, 정렬, 항목 구성 등은 직관적으로 읽히도록 정돈되어야 한다.
02 핵심 정보의 명확성 – 나이, 연락처, 경력 연도, 직무 역할 등은 한눈에 들어오도록 배치한다.

03 불필요한 수식어 제거 - 문장은 간결하되, 객관적 근거가 포함되어 있어야 한다. '책임감이 강합니다'보다는 '5년간 프로젝트 예산 운영, 정산 오류율 0% 유지'처럼 구체성과 사실 기반 표현이 신뢰를 높인다.

멋진 이력서의 두 번째 조건 - '경험'을 '신뢰 가능한 성과'로 말할 수 있는가

중장년층의 이력서에는 단순한 연차나 직함 나열을 넘어, 구체적인 성과가 필요하다. 예를 들어 '생산관리 팀장(2010~2019)'보다는, '생산관리팀 총괄 / 불량률 18% 감소, 월간 납기 이행률 95% 이상 유지'처럼 숫자, 변화, 결과로 보여주는 방식이 상대에게 확신을 준다.
또한 '어떤 업무를 했는가'보다 '그 일을 통해 어떤 성과를 만들어냈는가', 그리고 '그 성과가 조직에 어떤 가치를 가져왔는가'를 보여주는 것이 핵심이다.

멋진 이력서의 세 번째 조건 - '현재'의 태도와 '미래'의 가능성을 보여줄 수 있는가

경력이 아무리 훌륭해도, 그것이 과거형에만 머물러 있다면 신뢰는 줄어든다. 기업은 지금, 그리고 앞으로 함께 일할 사람을 찾는다. 따라서 이력서에는 다음과 같은 표현이 자연스럽게 포함되어야 한다.
"○○분야 자격 취득 중 / 새로운 기술 환경에 적응하기 위해 지속 학습 중"
"최근 △△시스템에 대한 교육 수료 / 실무 적용을 위해 연습 중"

이처럼 배움에 대한 의지, 변화에 대한 유연성, 성장에 대한 열망은 이력서를 단순한 경력서가 아니라, 함께하고 싶은 사람의 증거서로 바꿔준다.

중장년 구직자들에게 이력서는 자기 자신을 대변하는 유일한 문서이자, 직접 만나기도 전에 기업이 나를 판단하는 첫 번째 기준이다. 이력서는 나를 대신해 기업에 문을 두드린다. 문이 열릴지 닫힐지는, 그 문서에 담긴 진정성, 전문성, 신뢰감에 달려 있다. 지금까지 어떤 삶을 살아왔든, 앞으로 무엇을 할 수 있든, 그 모든 이야기는 이력서 한 장에서 시작된다.

항목별 작성법(일반이력서)

필수기재사항(기본인적사항)

이력서 상단에는 기본 인적사항이 들어간다. 이는 '누구인가'를 가장 먼저 확인하는 부분으로, 간결하고 정확하게 작성하는 것이 중요하다.

항목	작 성 요 령
이름	한글 실명 기준으로 작성한다. 간혹 개명하신 경우, 주민등록 상 이름을 기준으로 한다.
생년월일	숫자와 점(.) 구분으로 표기 (예 : 1966.07.05)
주소	거주지를 간결하게 표기하며, 도로명주소 기준이 일반적이다. 기업에서 통근거리 등을 파악하는 데 활용할 수 있다.
전화번호	실제 연락 가능한 번호를 기재하며, 휴대전화 우선이다.
메일주소 (선택사항)	개인 이메일 계정이 있다면 함께 기재하되, 공적인 인상을 주는 주소 사용을 권장한다. (예 : loveu1234@nate.com)

👉이 항목들은 시각적으로 깔끔하게 정렬되도록 구성하자. 정보가 많지 않더라도 '정리되어 있는 이력서'는 신뢰를 준다.

학력사항

학력은 가장 기본적인 교육 이력을 보여주는 항목이다. 특히 중장년층의 경우 졸업연도까지 정확하게 기재하는 것이 중요하다.

항목	작 성 예 시
대학교(선택사항)	OO대학교 경영학과 졸업 (1989.02)
고등학교	서울상업고등학교 졸업 (1985.02)

👉학력은 최근 순으로 작성하되, 학벌보다는 전공과정과 직무 연관성이 중요한 판단 기준이 된다.

경력사항

중장년층 이력서에서 가장 핵심이 되는 부분은 경력사항이다. 이 항목은 단지 '어디서 일했는가'를 넘어서, '무엇을 해왔고, 어떤 성과를 만들어냈는가'를 보여줘야 한다.

작 성 예 시

OO전기(주) / 품질관리팀 / 과장(2005.03 ~ 2017.12)
- ISO 9001 품질 인증 대응 실무 주도
- 공정 불량률 15% → 5% 개선 프로젝트 기획 및 수행
- 품질관리팀 인원 8명 팀장으로서 업무 배분 및 교육 담당

이처럼 직무+연도+성과+조직 내 역할을 조합하여 정리하는 것이 핵심이다. 특히 숫자(%)나 성과 지표가 들어가면 업무에 대한 신뢰도가 높아진다.

👉 **퇴직 사유는 필수가 아니며, 경력의 단절이 있다면, 공백 기간 동안의 활동이나 학습(교육사항)을 간략히 언급해주는 것도 좋다.**

자격사항

자격사항은 나의 전문성과 직무 역량을 객관적으로 보여주는 가장 강력한 증거이다. 특히 산업기사, 기능사, 직무연관 민간자격증 등은 현장에서 실질적인 활용이 가능하므로, 채용담당자의 신뢰도를 높이는 요소이다.

작 성 요 령

정식 명칭을 정확히 기입한다. (예 : 전기기능사, ERP정보관리사 1급 등)

발급기관과 취득일을 함께 작성한다.

지원하고자 하는 직무와 관련 자격증부터 작성하며, 현재 취득 준비 중인 항목이 있다면 '취득 예정'으로 기재한다.

아래의 예시처럼 작성을 하면 된다.

자격증명	발급기관	발급일자
전산회계 2급	한국세무사회	2021.06
지게차운전기능사	한국산업인력공단	2019.09
위험물기능사	한국산업인력공단	취득 예정 (2025.07)

👉 단순히 '많이 가진 것'이 중요한 것이 아니라, 지원하는 직무와의 연관성이 핵심이다. 직무와 맞닿은 자격증을 우선적으로 배치하여 인사담당자에게 신뢰를 주는 지원자가 되어보자.

교육사항

중장년층에게 '배움'은 과거형이 아니라, 경력을 잇는 현재진행형의 언어여야 한다. 특히 고용노동부, 지역인력개발센터, 직업훈련기관 등에서 받은 직무교육, 재취업교육, 자격과정 수료이력은 기업에게 '학습의지'와 '적응력'을 보여주는 강력한 지표이다.

작 성 요 령
교육명, 주관기관, 수료기간, 교육내용(간략 요약)을 포함한다.
직무 연관성이 높은 교육을 중심으로 정리하되, 비정규 교육도 포함할 수 있다.

교육명	주관기관	교육기간(수료기간)
중장년 경력자 대상 품질관리 실무과정	OO직업전문학교	2023.03~2023.05

👉 기업은 나이가 많다는 사실보다, '지금도 배우는 사람인가'를 더 중요하게 본다. 교육사항은 곧 당신의 '성장 가능성'을 보여주는 항목이다.

컴퓨터 활용능력

많은 중장년 구직자들이 "나는 컴퓨터는 좀 부족해서!"라고 말하지만, 기업은 단순한 고급 기술보다 업무에 필요한 기본적인 활용 능력을 갖추었는지를 본다. 즉, 문서 작성, 표 계산, 보고서 정리, 이메일 관리 정도의 역량을 갖췄다면 충분히 어필 가능하다.

작 성 요 령
사용하는 프로그램을 구체적으로 명시하고, 활용 수준을 함께 작성한다.
'중급', '상급' 등의 모호한 표현보다는 실제로 할 수 있는 업무를 언급하면 설득력이 커진다.

아래의 예시처럼 작성을 하면 된다.

프로그램명	컴퓨터활용능력
한글, MS Word	문서작성, 표 구성 및 공문 양식 작성 가능
Excel	수식 적용, 데이터 정리 및 간단한 그래프 작성
PowerPoint	발표용 슬라이드 구성 및 이미지 편집
이메일(Gmail, 네이버메일 등)	업무용 소통 및 파일 전송 가능

👉 능력의 수준이 낮더라도 진솔하게 기재하고, '현재 학습 중'이라는 문구를 덧붙이면 긍정적인 인상을 줄 수 있다.

이력서는 단순히 과거를 기록하는 문서가 아니다. 이름, 나이, 주소와 같은 인적사항은 당신의 현재를 정리한 첫인상이며, 학력사항은 배우고 쌓아온 지식의 기반, 경력사항은 오랜 시간 현장에서 다져온 실천의 증거다. 여기에 더해진 자격사항은 능력의 공식적인 증명서, 교육사항은 지금도 배우고 있다는 태도의 표현, 컴퓨터 활용능력은 미래를 준비하는 당신의 디지털 감각이다.

이 항목들은 모두 이력서의 문서로만 표현되지만, 더 강한 설득력을 지닌다. 당신이 어떤 삶을 살아왔고, 앞으로 어떤 조직에 어떻게 기여할 수 있는지를 말없이 증명해주는 근거이자 신호이기 때문이다. 지금까지 걸어온 길 위에, 이런 세심하게 준비된 디테일들이 더해지는 순간, 기업은 더 이상 묻지 않아도 확신하게 된다.
"이 사람, 믿을 수 있겠구나."

이력서 한 장이 전하는 것은 숫자와 경력만이 아니다. 그 안에 담긴 성실함, 태도, 그리고 '함께 일하고 싶은 사람'이라는 메시지가 진심으로 전해질 때, 그것이 바로 신뢰받는 이력서의 완성이다.

항목별 작성법(NCS이력서)

최근 몇 년 사이, 정부와 공공기관을 중심으로 NCS(국가직무능력표준) 제도와 블라인드 채용이 본격적으로 확산되면서, NCS 기반 이력서를 요구하는 경우가 점점 많아지고 있다. 특히 공공기관의 공무직에 도전하고자 하는 중장년층에게는 낯선 이력서 양식과 작성 방식이 큰 장벽처럼 느껴지기도 한다.

그렇다면 NCS란 무엇일까요? NCS은 산업 현장에서 직무를 수행하는 데 필요한 지식, 기술, 태도 등의 능력 요소를 국가가 체계화하여 정리한 기준이다. 쉽게 말해, '이 직무를 잘 해내려면 어떤 역량이 필요한가?'에 대한 표준 답안을 만들어 놓은 것이라 할 수 있다.

이러한 제도의 도입 목적은 분명하다. 오로지 스펙과 배경에 의존하던 채용 문화를 벗어나, 실제로 일을 잘할 수 있는 사람을 찾기 위함이다. 학벌, 사진, 출신지 같은 외형적인 조건보다는, 그 사람이 어떤 교육을 받았는지, 어떤 자격을 갖췄는지, 어떤 현장에서 어떤 역할을 해봤는지를 중심으로 평가하는 것이다.

따라서 NCS 기반 이력서에는 불필요한 사진이나 학교 이름 등은 빠지고, 대신 직무와 관련된 기초 인적사항, 직무교육 이력, 자격증, 실제 경력과 경험을 구체적으로 기재해야 한다. 이것이 바로 '준비된 사람'임을 증명하는 방식이며, 채용담당자에게 신뢰를 주는 첫 걸음이 된다.

인적사항

NCS 기반 이력서에서의 인적사항은 '최소한의 정보만'을 기재하는 것이 원칙이다. 기재해야 할 항목은 성명, 생년월일, 현 주소, 연락처, 이메일 주소, 그리고 취업지원 대상 여부(보훈대상자, 장애인 등) 정도이다.

여기서 주의할 점이 있다. 기존의 이력서처럼 사진, 출신 지역, 가족관계, 신체조건 등은 절대 기재하지 않는다. 이는 차별 요소를 사전에 차단하고, 오직 '직무 수행 능력' 만을 공정하게 평가하기 위한 조치이다.

또한, 우대사항(보훈, 장애 등)은 입사지원 시 따로 체크하는 항목이 있으며, 이 경우 관련 증명서를 추후 제출해야 한다.

이처럼 인적사항 작성은 간단하지만, 기재할 것과 하지 말아야 할 것을 정확히 구분하는 것이 중요하다. 작은 실수로 인해 서류에서 제외되는 일이 없도록, 꼼꼼히 확인하고 작성해야 한다.

교육사항

NCS 이력서에서의 교육사항은 '학교교육'과 '직업교육'으로 나뉘어 작성한다.

학교교육이란, 고등학교 이후의 대학교나 대학원 같은 정규 교육기관에서 받은 교육을 말한다.

반면, 직업교육은 직업능력 향상을 위해 직업훈련기관, 공공교육기관, 사설 교육기관, 온라인 교육 플랫폼 등에서 이수한 교육과정을 의미한다.

여기서 중요한 포인트는 단순히 학교명과 전공명만 기재하는 것이 아니라, 지원하고자 하는 직무와 관련된 과목이나 교육 내용까지 함께 기재해야 한다는 점이다.

예를 들어, '직업상담사' 직무에 지원한다면, 학교에서 수강했던 '진로상담', '상담심리', '인간행동과 사회환경'과 같은 과목명을 함께 적는 것이 좋다. 이는 내가 해당 분야의 기초 이론과 지식을 갖추었음을 보여주는 중요한 단서가 된다.

또한, 직업교육 항목에는 정규 학교 교육 외에 받은 직무 관련 교육과정을 작성한다. 예를 들어 직업상담사 직무에 지원하면서 온라인으로 '직업상담 사례 개념화' 강의를 수강한 경험이 있다면, 이 역시 이력서에 꼭 포함시켜야 한다.

이처럼 내가 지원하는 직무와 관련 있는 교육을 중심으로, 실제 배운 내용을 구체적으로 기재하는 것이 NCS 이력서의 핵심이다. 단순한 나열이 아닌, 직무 적합성을 보여주는 증거자료로서의 교육사항을 작성하는 것이 중요하다.

자격사항

자격사항은 내가 지원하는 직무와 관련된 자격증을 중심으로 작성해야 한다. 이 항목은 '나의 전문성과 실무 준비 정도'를 보여주는 중요한 부분이기 때문에, 신중하게 기재해야 한다.

무엇보다 주의할 점은, 실제로 보유한 자격증만 작성해야 한다는 것이다. 이력서에 적은 자격사항은 최종 합격 후 증빙서류 제출을 통해 확인되므로, 사실과 다른 내용을 기재하면 불이익을 받을 수 있다.

또한, 같은 분야의 자격증을 여러 개 가지고 있을 경우, 가장 높은 등급의 자격증 하나만 기재하는 것이 일반적이다. 예를 들어, '직업상담사' 직무에 지원한다면 '직업상담사 2급' 자격증을 적는 것이 적절하다. 이처럼 직무에 얼마나 준비되어 있는지를 보여줄 수 있는 자격증 위주로 작성하는 것이 중요하다.

경력사항/경험사항

경력사항은 이전에 급여를 받고 정식으로 근무했던 이력을 기재하는 항목이다. 정규직, 계약직, 인턴 등 근로계약을 맺고 일했던 경험은 모두 여기에 포함된다. 많은 분들이 인턴 경험은 빠뜨리는 경우가 있는데, 인턴도 급여를 받았다면 경력사항에 포함된다는 점을 꼭 기억해야한다.

그렇다면 급여를 받지 않고 활동했던 자원봉사나 동아리 또는 동호회활동, 프로젝트 참여 경험은 어디에 적어야 할까?

이런 활동은 경험사항에 기재하면 된다. 경험사항에는 다음과 같은 활동들을 포함할 수 있다.

직무 관련 자원봉사	산학협력 과제 참여	프로젝트 참여
직무 관련 동아리, 연구회, 동호회 활동	일 경험 수련생 활동	자문위원 활동 등

여기서 가장 중요한 포인트는, 단순히 '어디서 일했다'만 쓰는 것이 아니라, 무슨 일을, 어떻게 수행했는지를 구체적으로 써야 한다는 것이다. 예를 들어, 내가 '상담센터에서 행정사무원으로 근무한 경험'이 있고, 현재 '직업상담사'에 지원하고자 한다면, 이 경험을 단순히 '행정업무 수행'이라고 쓰기보다는 '직업상담 내담자 현황 관리, 만족도 조사 및 통계 작성, 상담 회기 기록 보조' 등으로 작성해야 한다.

이렇게 하면, 내가 희망 직무와 관련된 실질적 경험과 능력을 갖추고 있음을 보여줄 수 있다. 즉, 경력사항은 '정식급여를 받고 근무한 경험', 경험사항은 '직무 관련 활동 경험'을 의미하며, 두 항목 모두에서 지원 직무와의 관련성을 강조하는 것이 핵심이다.

📋 워크시트(일반이력서)

이 력 서

지원분야		희망연봉	

성명	(한자)	
생년월일	년 월 일 (만 세)	
휴대폰		비상연락망	
주소			

학력사항

재학기간	학교명	전공	소재지

경력사항

근무기간(개월)	업체명	직책/직급	담당업무
~			
~			

자격사항

취득일	자격증명	발급기관

교육사항

교육기간	과정명(교육명)	발급기관
~		
~		
~		

위의 내용은 사실과 틀림이 없습니다.

20   년   월   일

지원자 :   서명

워크시트(NCS이력서)

* NCS 기반 블라인드 채용 입사지원서(표준안)의 경우 컨설턴트 매뉴얼의 양식을 기본으로 사용합니다. (단, 기 배포 양식 중 생년월일 칸이 삭제되었으므로 주의 요망). 필요한 경우 '블라인드 채용 가이드북' 46페이지의 이하 양식 또한 활용 가능합니다. 참고 바랍니다.

블라인 채용 입사지원서(표준안)

1. 인적사항

지원구분	신입( ), 경력( )	지원직무		접수번호	
성명	(한글)				
현주소					
연락처	(본인휴대폰)		전자우편		
	(비상연락처)				
최종학교 소재지	* 지역인재 우대 응시자		가점항목	☐ 장애대상	☐ 보훈대상

2. 교육사항

* 지원직무 관련 과목 및 교육과정을 이수한 경우 그 내용을 기입해 주십시오.

교육구분	과목명 및 교육과정	교육시간
☐학교교육 ☐직업훈련 ☐기타		

직무관련 주요내용

3. 자격사항

* 지원직무 관련 국가기술/전문자격, 국가공인민간자격을 기입해 주십시오.

자격증명	발급기관	취득일자	자격증명	발급기관	취득일자

4. 경험 혹은 경력사항

* 지원직무 관련 경험 혹은 경력사항을 기입해 주십시오.

구분	소속조직	역할	활동기간	활동내용
☐경험 ☐경력				

* 직무활동, 동아리/동호회, 팀 프로젝트, 연구회, 재능기부 등 주요 직무경험을 서술하여 주십시오.

직무관련 주요내용

위 사항은 사실과 다름이 없음을 확인합니다.
지원날짜 :
지원자 :   (인)

03

경력을 빛나게 하는 자기소개서 작성하기

멋진 자기소개서의 조건

자기소개서는 단순한 나열형 글이 아니다. 나라는 사람을 통해 기업이 어떤 가치를 얻을 수 있는지를 논리적이고 설득력 있게 전달하는 전략서이다. 지원하는 직무를 깊이 이해하고, 그에 필요한 역량을 나의 경험 속에서 어떻게 길러왔는지를 구체적으로 드러내야 한다. "나는 이런 일을 해봤고, 그 과정에서 이런 능력이 생겼으며, 그래서 지금 이 직무에 적합하다"는 명확한 흐름과 근거가 있어야 채용 담당자의 시선을 사로잡을 수 있다.

또한 중요한 것은 태도다. 직무 역량만큼이나 조직 문화와 조화를 이루려는 겸손함과 진정성, 함께 성장하고자 하는 의지가 묻어날 때, 비로소 자기소개서는 나를 소개하는 글을 넘어 나를 채택할 수밖에 없는 글이 된다. 그 순간, 자기소개서는 단순한 서류가 아닌 한 사람의 가능성을 증명하는 감동의 문장이 된다.

자기소개서를 쓸 때는 다음 세 가지를 꼭 기억하자.

지원동기를 명확하게!
왜 이 직무에 지원하게 되었는지, 진심 어린 동기를 써라.

직무경험은 구체적으로!
실제로 어떤 일을 했고, 그 결과 무엇을 배우고 성취했는지를 써야 설득력이 높아진다.

내용은 핵심 위주로 간결하게!
장황한 설명보다는 한눈에 들어오는 문장이 좋다. 보기 좋고, 읽기 쉬운 구성으로 정리해야 한다. 특히 자기소개서는 면접 질문의 바탕이 되는 자료이기 때문에, 나의 이야기를 진솔하고 구체적으로 작성하는 것이 가장 중요하다. 겉으로 보기 좋은 글보다, 나만의 진짜 경험과 마음이 담긴 글이 더 강한 인상을 남길 수 있다.

항목별 작성법

지원동기

　지원동기는 단순히 '관심이 있어서' 혹은 '적성에 맞아 보여서'라는 수준에 머물러서는 안 된다. 특히 중장년층이라면, 오랜 경력을 통해 축적된 경험과 역량이 해당 기업에 어떤 가치를 줄 수 있는지를 중심으로 풀어내야 한다. 이전 직장이나 직무에서 쌓은 노하우가 어떻게 이 회사의 업무와 연결될 수 있는지, 구체적인 사례와 함께 설명한다면 지원자의 진정성과 실질적 기여 가능성을 효과적으로 전달할 수 있다. 또한 기업이 강조하는 산업의 특성, 인재상, 채용 우대사항 등을 충분히 파악한 후, 그에 부합하는 나의 기술, 자격, 태도 등을 연계해 설득력 있게 표현하자. 이러한 구성은 단순히 '지원한다'는 의미를 넘어, '이 사람은 우리 조직을 제대로 이해하고 있고, 함께 성장할 준비가 되어 있다'는 신뢰를 이끌어낸다. 진짜 강한 지원동기는, 말이 아닌 맥락 속에 녹아든 진실된 이야기에서 나온다.

입사 후 포부

　입사 후 포부는 단순한 바람이 아니라, 회사를 향한 나의 성장계획과 기여의지를 보여주는 항목이다. 따라서 '최고가 되겠다'는 막연한 선언보다는, 현실적인 목표와 그에 따른 실행 계획을 구체적으로 제시하는 것이 핵심이다. 예를 들어, '입사 후 1년 내 관련 자격증을 취득하고, 고객 만족도를 10% 향상시키겠다'처럼 측정 가능하고 실행 가능한 목표는 기업에 신뢰를 준다. 중장년층의 경우, 풍부한 경력에 기반한 문제 해결력, 팀워크, 실무 적응력 등을 바탕으로 구체적인 기여 방안을 제시하면 더욱 효과적이다. 또한 단기 목표뿐 아니라, 장기적으로는 조직 내에서 어떤 역할을 맡고 싶은지, 어떻게 전문성을 확장해 나갈 것인지에 대한 진정성 있는 미래 비전도 함께 담는 것이 좋다. 입사 후 포부는 '내가 어떤 사람이 될 것인가'보다, '이 조직과 함께 어떻게 성장할 것인가'를 보여주는 약속의 글이어야 한다.

경력사항

　경력 항목은 단순히 내가 어떤 일을 했는지를 나열하는 곳이 아니다. 이 항목은 내가 어떤 상황에서, 어떤 역할을 맡아, 어떤 결과를 만들어냈는지를 통해 문제 해결력, 실행력, 직무 능력 등을 설득력 있게 보여주는 부분이다.

　첫째, 자기소개서 항목 중 경력사항 작성시 효과적인 방법이 바로 CAR 기법이다. CAR은 아래 세 가지로 구성되어 있다.

C(Context)	어떤 상황이었는가? (근무 부서, 직책, 대상, 주요 과업 등 배경 설명)
A(Action)	그 상황에서 내가 실제로 어떤 행동을 했는가? (주도한 일, 협업한 방식 등)
R(Result)	그 결과 어떤 성과를 이루었는가? (수치, 변화, 배운 점 등 구체적으로)

예를 들어 직업상담 직무에 지원하는 경우 다음과 같이 작성할 수 있다.

C(Context)	OO지역 고용복지센터에서 청년 구직자 대상 취업상담을 담당함
A(Action)	구직자 개별 상담 및 이력서 클리닉, 맞춤형 일자리 연계 프로그램을 기획하여 운영
R(Result)	평균 3개월 이상 걸리던 취업기간을 1개월 내로 단축, 만족도 조사에서 95% 이상 긍정 응답

둘째, 경력사항을 작성할 때는 다음과 같은 항목을 빠짐없이 정리하며 구체적으로 기술하는 것이 좋다.

근무 시기(년도)	소속 부서 및 직책	업무 대상(고객, 팀, 기관 등)
담당한 주요 업무	특정 사건이나 프로젝트 경험	업무 수행 결과와 성과

이처럼 구체적으로 정리하면, 단순한 경력 나열이 아닌 '실행력과 성과가 있는 경험'으로 전달할 수 있다. 특히 중장년층에게는 오랜 업무경험을 얼마나 체계적이고 전략적으로 풀어내는가가 자기소개서의 경쟁력을 좌우한다.

성격의 장단점

'성격의 장단점' 항목은 단순한 자기 분석이 아니라, 직무와 조직에 잘 맞는 지원자인지를 보여주는 중요한 평가 요소이다. 따라서 솔직하면서도 전략적으로 작성하는 것이 필요하다.

장점을 쓸 때는 단순히 '성실하다', '책임감이 강하다'는 식의 나열보다는, 지원하는 직무와 회사의 특성에 맞는 강점을 선택해 구체적인 사례와 함께 작성해야 설득력이 높아진다. 예를 들어, 고객 응대 업무에 지원한다면 '경청 능력과 공감 능력'을 강조하고, 실제 고객 불만을 잘 해결했던 경험을 함께 쓰는 것이 좋다.

또한 너무 많은 강점을 나열하기보다는, 핵심이 되는 한두 가지 강점을 중심으로 깊이 있게 설명하는 것이 더 강한 인상을 남긴다.

단점을 쓸 때는 솔직하게 자신을 돌아보되, 직무와 직접적으로 충돌하지 않는 단점을 선택해야 한다. 예를 들어, 꼼꼼함이 필요한 직무에 '대충 처리하는 편입니다'와 같은 표현은 피해야 한다.

그리고 단점을 극복하기 위해 어떤 노력을 해왔고, 어떤 성과로 이어졌는지를 반드시 함께 작성해야 한다. 중요한 건 단점 자체보다도 그 단점을 어떻게 극복하고 성장해왔는가에 대한 태도이다. 예시는 다음과 같다.

"처음에는 사람들 앞에서 발표하는 것이 부담스러웠지만, 사내 소모임 발표나 외부 교육 수강을 통해 자신감을 쌓았고, 현재는 발표 역할을 자주 맡으며 피드백도 긍정적으로 받고 있습니다."

👉너무 치명적인 단점(예 : 지각, 책임 회피 등)은 피하고, 개선 가능한 성격적 특징을 중심으로 작성하자.

성장배경 및 가치관

많은 중장년층 분들이 성장배경 항목을 작성할 때 어릴 적 이야기부터 시간순으로 나열하는 실수를 한다. 그러나 이런 식의 '연대기 나열'은 흔하고 지루하게 느껴지기 쉬우며, 인사담당자의 눈길을 끌기 어렵다.

성장배경은 자신의 인생 이야기를 모두 풀어내는 자리가 아니다. 오히려 '현재의 나'를 만든 중요한 계기나 가치관을 간결하게 보여주는 부분이다.

무엇보다 중요한 점은, 직업이나 직무와 관련 없는 이야기는 피해야 한다는 것이다. 예를 들어 '가난한 집안에서 자라 어려움을 이겨냈다'는 식의 표현보다는, 현재 지원하는 직무나 회사의 특성과 연결될 수 있는 경험을 중심으로 작성하는 것이 좋다. 예시는 다음과 같다.

"어릴 적부터 가족 사업을 도우며 사람들과 소통하고 신뢰를 쌓는 법을 자연스럽게 익혔습니다. 이러한 경험은 고객과의 상담 및 서비스 직무를 수행하는 데 큰 자산이 되었습니다."

 또한, 성장배경은 너무 길게 작성하지 않도록 주의해야 한다. 자기소개서 전체에서 이 항목은 간결하게, 하지만 나를 잘 설명할 수 있는 인상적인 한두 문단이면 충분하다.

 핵심은 '직무에 맞는 가치관이나 태도'를 보여주는 경험을 짧고 임팩트 있게 정리하는 것이다.

📋 워크시트(일반 자기소개서)

지원동기

입사 후 포부

경력사항

성격의 장단점

성장배경 및 가치관

📋 워크시트(NCS 자기소개서)

경력 및 경험기술서

- 입사지원서에 기술한 경력 및 경험(직무관련 기타 활동)에 대해 상세히 기술해 주시기 바랍니다.

- 경력을 기술할 경우 구체적으로 직무영역, 활동/경험/수행내용, 본인의 역할 및 구체적 행동, 주요 성과에 대해 작성해주시고, 경험을 기술할 경우 구체적으로 본인의 학습경험 혹은 과제 수행한 활동내용, 소속 조직이나 활동에서의 역할, 활동 결과에 대해 작성해 주시기 바랍니다.
(글자수는 해당기관의 사정에 따라 자유롭게 제한 가능)

자기소개서

- **[조직 이해]** 0000회사에 지원한 동기 및 입사 후 실천하고자 하는 목표를 작성해 주십시오.(300자 내외)

- **[직무 이해]** 총무 관련 업무에 대한 경험 및 경력을 기술해 주십시오.(300자 내외)

- **[문제해결능력/의사소통능력]** 만약 서로 합의한 용역계약내용에 대해 협력사가 변경협상을 요구해 왔을 때 어떻게 문제를 해결할 것인지 그 방법과 이유를 작성해 주십시오.(500자 내외)

3

자신감 있는 이미지메이킹과 면접준비

01

면접 준비 전략

자신감 있는 태도가 핵심

인생 제2막을 준비하는 중장년층에게 재취업은 단순히 다시 일자리를 구하는 과정을 넘어서, 새로운 삶의 방향을 설계하는 중요한 전환점이다. 지금까지 익숙하게 해오던 일을 내려놓고, 새로운 일에 도전하거나 면접관 앞에 앉아 자신의 이야기를 들려줘야 하는 상황은 누구에게나 긴장감을 불러일으킬 수 있다. 하지만 중장년층에게는 청년 구직자들과는 다른 강점이 있다. 바로 오랜 경력에서 비롯된 전문성과 다양한 상황을 겪으며 쌓아온 노련함이다.

그렇기에 재취업 준비에서 가장 중요한 요소 중 하나는 자신감 있는 태도와 이미지이다. 자신감은 단지 마음속에서 느끼는 감정이 아니라, 본인의 경험과 역량을 믿고 그것을 당당하게 표현할 수 있는 힘이다. 자신감 있는 태도는 면접관에게 신뢰감을 주고, 조직에 빠르게 적응하고 기여할 수 있는 사람이라는 인상을 심어준다.

이를 위해서는 면접에 앞서 나만의 강점을 분명히 정리하고, 이를 효과적으로 보여줄 수 있는 외적인 이미지 또한 함께 준비할 필요가 있다. 복장과 자세, 표정, 말투 등은 상대에게 주는 첫인상에 큰 영향을 미치기 때문에, 깔끔하고 긍정적인 이미지를 전달할 수 있도록 사전에 연습하고 점검하는 과정이 중요하다. '나는 여전히 충분히 일할 수 있고, 누군가에게 꼭 필요한 사람이다'라는 믿음을 바탕으로 면접에 임하는 것. 그것이 바로 중장년 재취업의 첫걸음이며, 자신감을 갖춘 이미지메이킹이야말로 그 출발점이 된다.

재취업 면접, 첫인상이 3초 만에 결정된다

우리는 지금까지 살아오면서 수많은 사람을 만나왔다. 비즈니스 계약을 앞둔 자리, 고객을 응대하는 상황, 중요한 회의나 협상, 그리고 처음 인사하는 자리까지 그 모든 순간에는 '첫인상'이라는 것이 작용했다. 짧은 시간 안에 긍정적인 이미지를 남긴 사람에게는 자연스럽게 마음이 열리고, 신뢰 또한 쉽게 생긴다. 반면, 첫인상에서 불편함이나 불안감을 느끼게 되면 이후의 대화나 관계 형성도 어렵게 느껴진다.

면접이라는 상황은 면접관을 설득해야 하는 자리이다. 어떤 이유에서든 이 자리에 나온 지원자는 본인의 가치와 가능성을 짧은 시간 안에 효과적으로 전달해야 한다. 그런데 여기서 우리가 꼭 기억해야 할 것이 있다. 바로, 면접관이 지원자에 대해 받는 첫인상은 단 3초 안에 결정된다는 사실이다.

첫인상의 법칙

심리학자들은 이를 '초두효과(Primacy Effect)'라고 설명한다. 사람은 처음 마주한 정보나 이미지를 기준으로 상대방을 평가하고, 그 인상이 이후의 판단에도 지속적인 영향을 준다는 이론이다. 즉, 면접 초반에 좋은 인상을 주는 사람은 이후 질문에서도 긍정적인 평가를 받을 가능성이 높아진다. 반대로 첫인상이 불편하거나 부정적이었다면, 아무리 말로 좋은 내용을 이야기해도 그 평가를 뒤집기가 쉽지 않다. 그래서 재취업을 준비하는 중장년 구직자라면, '면접관의 마음을 사로잡는 3초의 전략'을 반드시 준비해야 한다.

첫인상을 좋게 만드는 다섯 가지 방법

신뢰감을 주는 단정한 복장

사람은 말보다 먼저 눈으로 판단한다. 면접장에서의 복장은 단순한 옷차림이 아니라, 자신을 표현하는 또 하나의 언어이다. 지원하는 직무의 특성에 맞게 정돈된 복장을 준비하고, 헤어스타일, 구두, 액세서리까지 세심하게 신경 쓰는 것이 좋다. 화려함보다는 단정함, 튀기보다는 깔끔함이 더 좋은 인상을 만든다. 특히 중장년층의 경우, 지나치게 보수적으로 보이거나 반대로 너무 젊어 보이려는 시도는 피하는 것이 좋다. 자연스럽고 정돈된 이미지가 가장 이상적이다.

당당하고 안정감 있는 자세와 표정

말을 하기 전, 몸의 언어가 먼저 면접관에게 메시지를 전달한다. 허리를 펴고 어깨를 편 상태에서 고개를 들고 눈을 맞추는 기본 자세는 자신감을 보여준다. 무표정보다는 약간의 미소를 머금은 얼굴이 훨씬 긍정적인 인상을 남긴다. 긴장된 자리일수록 편안하고 여유 있는 태도가 오히려 신뢰를 줄 수 있다.

첫 인사에서 전하는 인상과 목소리의 힘

면접장에서 처음 건네는 인사는 매우 짧지만, 그 짧은 순간에 사람의 인상이 결정되기도 한다. "안녕하십니까"라는 인사를 할 때는 또렷하고 밝은 목소리로 말하고, 자연스럽게 고개를 숙이는 것이 좋다. 중장년층의 경우, 오랜 경력을 통해 체득한 품위와 예의를 이 첫 인사에 담아야 한다. 목소리에 힘을 실어주는 연습도 효과적이다.

차분한 행동과 기본적인 매너

면접실에 들어갈 때 문을 조심히 닫는 동작, 안내받은 후에 자연스럽게 자리에 앉는 태도, 불필요한 손동작이나 시선을 피하는 자세 이 모든 것이 면접관에게 안정감을 준다. 당황하거나 급해 보이는 행동은 긴장감을 그대로 드러내기 때문에, 사소한 동작 하나하나도 평소에 연습해두는 것이 좋다. 특히 중장년층은 '여유 있고 믿음직한 사람'이라는 이미지를 주는 것이 큰 강점이 된다.

눈맞춤과 반응으로 보여주는 소통 능력

면접관과 시선을 마주치며 고개를 끄덕이는 반응은 상대방의 말을 잘 듣고 있다는 신호다. 질문을 받을 때는 잠시 생각한 뒤 또박또박 대답하고, 필요할 경우에는 정중하게 되물어도 괜찮다. 면접관과의 눈맞춤과 리액션은 단지 예의의 표현이 아니라, 적극성과 소통 능력을 보여주는 중요한 부분이다.

이처럼 첫인상을 준비하는 것은 단지 외모를 꾸미는 수준이 아니라, '나는 준비된 사람입니다'라는 신호를 보내는 중요한 전략이다. 특히 재취업 면접은 나이에 대한 편견을 극복하고, 경험을 강점으로 전환하는 자리이기에 면접의 시작 순간부터 나만의 장점을 드러낼 수 있어야 한다.

3초의 첫인상은 짧지만, 그 안에 담긴 인상은 오래간다. 그러니 면접장 문을 열기 전, 거울 앞에서 한 번 더 내 모습을 점검해보자. 작은 준비 하나가 나의 가능성을 크게 만들어줄 수 있다.

실전에서 바로 써먹는 첫인상 개선 팁 5가지

면접장 입장 시 밝은 표정과 또렷한 자기소개

문을 열고 들어서는 순간부터 면접은 시작된다. 가벼운 미소와 함께 "안녕하십니까, ○○직무에 지원한 OOO입니다"라고 또렷하게 인사하면 자신감 있는 첫인상을 남길 수 있다.

면접 대기 중에는 복식호흡으로 긴장 완화

긴장을 줄이기 위해 가슴이 아닌 배로 천천히 호흡하는 복식호흡을 활용하자. 면접 직전 짧게라도 호흡을 조절하면 마음이 차분해지고 표정도 부드러워진다.

비언어적 표현으로 신뢰감 전달

면접관과 눈을 맞추고, 표정을 안정적으로 유지하며, 과도한 몸짓은 줄이자. 말보다 더 많은 메시지를 전하는 비언어적 신호를 통해 신뢰감을 줄 수 있다.

의자에 앉을 때는 안내를 받은 후 자연스럽게

자리에 앉기 전에는 반드시 안내를 받은 후 움직인다. 너무 빠르거나 느리게 앉는 것보다는 자연스러운 속도로, 등을 등받이에 바짝 붙이지 말고 허리를 곧게 세우는 자세가 좋다.

면접관이 말을 할 때는 경청하는 태도로 고개 끄덕이기

면접관의 말을 들을 때 고개를 가볍게 끄덕이며 리액션을 보여주는 것은 적극적인 자세를 나타낸다. 과묵하거나 무표정하게 있는 것보다 훨씬 긍정적인 인상을 준다.

자기 진단 - 나의 강점과 약점을 바로 알자

중장년층이 가진 가장 큰 경쟁력은 단연 '경험'이다. 하지만 그 경험이 무조건 강점으로 작용하는 것은 아니다. 어떻게 정리하고, 어떤 방식으로 전달하느냐에 따라 든든한 자산이 될 수도 있고, 오히려 부담스럽게 보일 수도 있다.

재취업을 준비할 때는 지금까지 쌓아온 자신의 경험을 차분히 돌아보고, 그 안에서 강점과 약점을 객관적으로 진단하는 것이 중요하다. 특히 나이와 경력이라는 요소는 장점이자 동시에 편견의 대상이 될 수 있기 때문에, 무엇을 강조하고 무엇을 보완할지에 대한 전략적인 접근이 필요하다.

	강 점		약 점
☐	다양한 경험	☐	기술 트렌드 부족
☐	문제 해결력	☐	디지털 역량 부족
☐	후배 지도력	☐	조직문화 변화 두려움
☐	교육 경험	☐	면접 부담감
☐	책임감	☐	프레젠테이션 불안
☐	장기 근속	☐	자기 표현 부족
☐	신뢰 형성 능력	☐	세대 간 소통 어려움
☐	체계적 업무 처리	☐	경력 정리의 어려움
☐	변화 적응력	☐	자기 홍보 미숙
☐	커뮤니케이션 역량	☐	자기효능감 저하
☐	조직 이해도	☐	새로운 업무 방식에 대한 거부감
☐	리더십 경험	☐	자격증 부족
☐	위기 대응력	☐	직무 공백 기간
☐	팀워크 능력	☐	속도보다 정확성 중시 경향
☐	현장 경험 풍부	☐	업무 방식 유연성 부족
☐	성실성	☐	강점 인식 부족
☐	시간 관리 능력	☐	장황한 설명 습관
☐	목표 달성 중심	☐	기계적 언어 사용 경향
☐	조직 내 갈등 조정력	☐	주체적인 학습 부족
☐	체력	☐	실패 경험에 대한 회피 경향

☑ **자기 진단표 - 나의 경험을 정리**

내가 잘했던 업무는?	어떤 성과를 냈는가?	보완할 점은 무엇인가?	앞으로 어떻게 활용할 것인가?
문서 정리 및 데이터 관리	재고 자료 전산화로 자료 누락 30% 감소	엑셀 자동화 기능에 대한 이해 부족	OA 자격증 취득 후 효율적 문서 작업, 관리직 직무 지원 시 강조
고객 불만 응대 및 CS 개선	고객 만족도 조사 결과 불만 사례 40% 감소	감정 소진으로 인한 스트레스 관리 필요	감정노동 관리 교육 참여 및 스트레스 완화 기법 실천, 고객 응대 매뉴얼 제작에 활용
고객사 응대 및 제품 제안	단골 고객 20% 증가, 월 매출 15% 상승	경쟁사 분석 및 자료 준비 부족	시장 조사 및 제안서 작성 능력 강화, 영업직 재취업 시 활용
설비 유지보수 및 품질 점검	생산 중단 시간 50% 단축	공정 전반에 대한 이해 부족	전공정 흐름 교육 참여, 기술직 면접 시 문제 해결 역량 강조
어르신 케어 및 프로그램 운영	치매 예방 운동 프로그램 운영으로 참여율 2배 증가	긴급 상황 대처 매뉴얼 미비	응급처치 교육 수료 및 사례 중심 경험 정리, 요양보호사 지원 시 활용

 체크된 강점은 곧 나의 경쟁력이다. 표시된 항목을 바탕으로, 각 강점에 대한 구체적인 사례를 떠올려보길 바란다.

 예를 들어 '팀워크 능력'에 체크했다면, 어떤 팀에서 어떤 역할을 맡았고, 어떤 성과를 냈는지 구체적으로 정리해보는 것이 좋다. 이처럼 본인의 강점을 실례와 함께 정리해두면, 이력서나 자기소개서, 면접에서 자신 있게 활용할 수 있는 확실한 무기가 된다.

체크된 약점은 단점이 아니라, 성장의 기회다. 현재 체크된 항목은 앞으로의 취업 준비 과정에서 우선순위를 정해 개선해 나가야 할 부분이다. 예를 들어 '디지털 역량 부족'이 고민이라면, 기초 OA 교육이나 ChatGPT 활용법, 무료 온라인 강의 등을 통해 충분히 보완할 수 있다. 모든 약점을 한 번에 해결하려고 하기보다는, 가장 부담이 크거나 자신감이 부족한 항목부터 하나씩 개선해 나가는 것이 중요하다.

작성 TIP

내가 잘했던 업무는?

생각해볼 질문 :
지금까지의 경력 중에서 나 스스로 잘 해냈다고 느꼈거나, 주변에서 긍정적인 평가를 받았던 일은 무엇인가?

작성 팁 및 예시 :
- 하루 평균 50건의 고객 문의를 응대하며, 고객 만족도 90% 이상 유지한 경험
- 3개월간 진행된 프로젝트를 주도적으로 기획하고, 예산 대비 10% 절감하여 성공적으로 완료한 사례
- 10명 이상 팀원을 관리하며, 팀원 이직률을 30% 감소시킨 팀장 경험 등

어떤 성과를 냈는가?

생각해볼 질문 :
해당 업무를 통해 구체적으로 어떤 성과를 이뤘는가? 수치나 변화 중심으로 정리해보자

작성 팁 및 예시 :
- 월 매출이 1,200만 원에서 1,800만 원으로 50% 증가
- 고객 만족도 설문 결과, 3개월 내 78점 → 92점으로 상승
- 이직률 25% → 10%로 감소하여 조직 안정화에 기여
- 프로젝트 마감 기한을 2주 앞당기고, 예산 15% 절감
- 1일 평균 처리 건수 30건 → 50건으로 업무 효율 향상

워크시트(진단표)

내가 잘했던 업무는?	어떤 성과를 냈는가?	보완할 점은 무엇인가?	앞으로 어떻게 활용할 것인가?

직무에 어울리는 복장은 신뢰감을 만든다

'사람은 겉모습만으로 판단하면 안 된다'는 말이 있지만, 면접에서는 첫인상이 매우 큰 영향을 미친다. 그 중에서도 복장은 말보다 먼저 상대에게 전달되는 강력한 메시지다. 특히 중장년층 구직자의 경우, 지나치게 유행을 따르기보다는 직무에 적합하고 단정한 인상을 주는 복장이 훨씬 더 효과적이다.

한 물류기업 인사담당자는 "지원자가 복장을 깔끔하게 갖춰 입었을 때, 자연스럽게 신뢰감이 생기고 면접 내용에도 더 집중하게 된다"고 말한다. 이처럼 복장은 면접관의 시선을 사로잡는 도구이자, 말의 진정성을 뒷받침해주는 비언어적 요소다. 즉, 면접에 맞는 옷차림은 단순한 외형을 꾸미는 수준이 아니라, '나는 이 일을 진지하게 준비해왔다'는 태도를 보여주는 신호이기도 하다. 면접 당일, 나의 복장이 직무에 어울리는지 아래 항목으로 최종 점검해보자.

나의 복장점검 체크리스트

☐	옷은 다림질이 잘 되어 있고, 구김이 없다
☐	셔츠나 재킷은 너무 타이트하거나 헐렁하지 않다
☐	구두는 깨끗하게 닦여 있고, 뒷굽이 닳지 않았다
☐	액세서리나 향수는 과하지 않다
☐	헤어스타일은 깔끔하게 정돈되어 있다
☐	안경 착용 시 렌즈는 깨끗하게 닦여 있다
☐	안경 착용 시 색안경은 착용하지 않는다
☐	너무 편한 복장을 입지 않는다(골프복, 등산복 등)
☐	손톱을 깔끔하게 정리가 되어 있다

면접에 어울리는 복장은 단순한 스타일 선택이 아니다. 자신이 맡고자 하는 직무에 대한 이해, 준비된 태도, 그리고 신뢰감을 모두 담아내는 중요한 요소다. 중장년 구직자일수록, 무게감 있고 단정한 인상을 주는 복장을 통해 '믿을 수 있는 사람'이라는 첫인상을 남기는 것이 중요하다.

비언어적 커뮤니케이션 - 말보다 중요한 표정과 태도

면접은 단순히 말을 잘하는 사람이 유리한 자리가 아니다. 말을 어떻게 하느냐, 그 말에 어떤 표정과 태도가 담겨 있느냐가 훨씬 더 중요하다.

사람은 말의 내용보다 말하는 사람의 표정, 시선, 목소리 톤, 자세 등을 통해 더 많은 인상을 받는다. 이것이 바로 비언어적 커뮤니케이션의 힘이다.

특히 중장년층의 경우, 경험이 많고 진중한 이미지를 줄 수 있다는 장점이 있지만, 반대로 너무 무표정하거나 딱딱한 태도를 보이면 '소통이 어렵다', '경직돼 있다'는 인상을 줄 수도 있다. 실제로 면접관들은 지원자의 말보다 표정과 눈빛에서 진정성을 더 많이 읽는다고 말한다.

예를 들어, 같은 내용을 말하더라도 눈을 마주치며 밝은 표정으로 전달하면 신뢰감과 긍정적인 이미지를 남길 수 있다. 반면, 고개를 숙이고 작은 목소리로 이야기하거나 얼굴에 감정이 드러나지 않으면, 말의 내용이 아무리 좋아도 설득력이 떨어진다.

이와 관련해 자주 인용되는 심리학 이론 중 하나가 '메라비언의 법칙(Albert Mehrabian's Rule)'이다. 미국의 심리학자 알버트 메라비언은 사람의 커뮤니케이션에서 언어가 차지하는 영향력은 전체의 7%에 불과하고, 나머지 93%는 비언어적 요소에서 비롯된다고 설명했다. 그는 이 93% 중 목소리의 톤과 억양이 38%, 표정, 시선, 자세와 같은 시각적 요소가 55%를 차지한다고 분석했다. 즉, 우리가 전달하고자 하는 메시지의 대부분은 '어떻게 말하느냐'에 달려 있는 것이다. 같은 말을 하더라도 진심이 담긴 눈빛과 안정된 목소리, 부드러운 표정을 곁들이면 훨씬 더 깊은

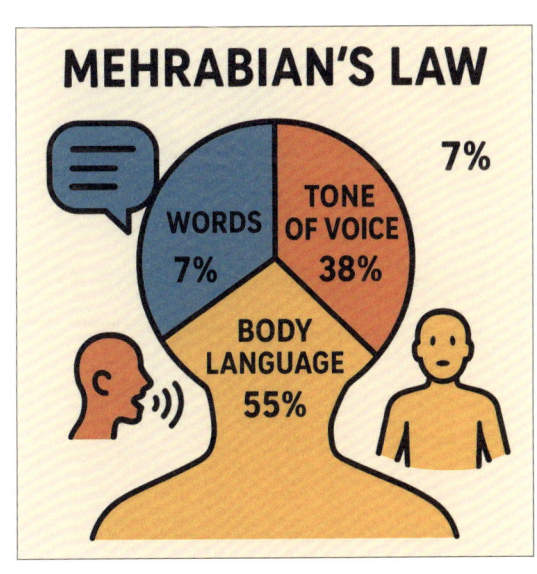

신뢰를 얻을 수 있다.

중장년 면접에서 자주 나타나는 비언어적 실수들

면접관과 시선을 맞추지 않고 눈을 피하는 경우

인사할 때 작게 인사하거나 굳은 표정을 보이는 경우

질문을 받을 때 몸을 자꾸 움직이거나 손짓이 과도한 경우

본인의 이야기를 할 때 웃음 없이 설명만 계속하는 경우

면접관의 말에 반응 없이 무표정하게 있는 경우

이러한 비언어적 실수들은 대부분 긴장하거나 면접 준비가 충분하지 않았을 때 발생한다. 그러나 꾸준한 연습과 약간의 의식만으로도 얼마든지 개선이 가능하다.

실전에서 바로 써먹는 비언어 준비 팁

거울 앞에서 표정과 말투 점검하기
자신이 말하는 모습을 거울로 확인해보면 평소에 인식하지 못했던 표정이나 말투의 습관을 파악할 수 있다. 특히 미소 지을 때 입꼬리의 위치나 목소리 톤을 의식해보자.

스마트폰으로 면접 연습 영상 촬영하기
모의 면접 장면을 영상으로 남기면 손동작이나 눈의 움직임, 자세의 흐트러짐 등을 객관적으로 돌아볼 수 있다. 본인의 모습을 직접 보면 개선 방향이 더 뚜렷해진다.

목소리 톤과 속도 조절 훈련하기
말이 너무 빠르거나 작게 들리면 자신 없어 보일 수 있다. 또박또박 말하며 약간의 여유를 두고 이야기하는 습관을 들이면 더욱 신뢰감을 준다.

면접관을 바라보되 자연스러운 시선 유지하기
고개를 과하게 숙이거나 시선을 바닥에 두면 소극적으로 보일 수 있다. 대화하듯 편안한 눈맞춤을 유지하면서 면접관과 교감하자.

02

면접 합격 전략

설득력 있는 말하기가 핵심

중장년층이 다시 일자리를 구하려 할 때, 면접이라는 관문은 그 자체로 심리적 압박을 줄 수 있다. 특히 말로 자신의 역량과 경험을 표현하는 '설득력 있는 말하기'는 많은 이들이 어려워하는 부분이다. 나이가 들수록 표현 방식이 굳어지기 쉽고, 오랜 시간 익숙한 업무만 해온 경우에는 새로운 환경에 맞는 말하기 방식에 익숙하지 않을 수 있다.

게다가 이전 경력과 전혀 다른 분야로 도전하거나, 직무 변경을 시도하는 경우에는 더욱 당황하기 쉽다. 자신이 해온 일에 대한 확신은 있어도, 그것을 새로운 면접 상황에서 '잘 보이게' 말로 풀어내는 것은 별개의 문제다. 경력직 지원이라고 하더라도, 면접은 여전히 '검증의 자리'이기 때문에 준비 없이 임한다면 충분한 역량을 갖고 있음에도 불구하고 좋은 평가를 받지 못하는 경우도 많다.

하지만 결국 재취업을 위한 마지막 문턱은 '면접'이다. 그 자리를 넘기 위해서는 자신을 표현하는 능력, 다시 말해 설득력 있게 말하는 기술이 꼭 필요하다. 아무리 좋은 경험과 스펙을 갖고 있더라도, 그것을 면접관이 이해하고 납득할 수 있도록 전달하지 못하면 기회는 멀어진다.

설득력 있는 말하기는 타고나는 것이 아니다. 평소의 사고 정리, 말하는 구조에 대한 연습, 질문에 대한 대비가 합쳐져 만들어지는 능력이다. 면접은 스피치 대회가 아니다. 오히려 진심 어린 표현과 논리적인 설명, 그리고 듣는 사람을 고려한 말하기가 핵심이다.

지금부터라도 자신의 경험을 정리하고, 예상 질문에 대해 말로 풀어보는 연습을 해보자.

면접의 형태와 준비 방법

재취업을 준비하는 중장년층에게 면접은 단순한 '면접'이 아니라 인생의 또 한 번의 도전이자 중요한 기회다. 그런데 면접이라고 해서 모두 같은 방식은 아니다. 기업과 직무의 성격에 따라 면접 형태는 다양하며, 그에 따라 준비 방법도 달라져야 한다. 면접의 유형을 정확히 이해하고, 각각에 맞는 전략을 세우는 것이 합격의 첫걸음이다.

대면 면접 (일대일 또는 일대다 면접)

대면 면접은 가장 보편적으로 진행되는 형태의 면접으로, 지원자 1명을 대상으로 1~3명의 면접관이 질문을 던지는 방식이다. 이 면접은 중소기업부터 대기업, 공공기관까지 거의 모든 기업에서 활용되는 기본적인 구조이며, 지원자의 첫인상, 말하기 능력, 경력의 진정성과 직무 적합성을 종합적으로 평가하는 자리다.

1:1 면접은 다소 편안한 분위기 속에서 면접관과의 대화 형태로 진행되지만, 다대다 면접은 질문의 수나 흐름이 빠르게 전개될 수 있어 긴장도가 높다. 특히 중장년층에게는 오랜만에 겪는 공식적인 평가 자리일 수 있기 때문에, 사전에 충분한 준비와 반복 연습이 필요하다.

준비 방법

자기소개, 경력 설명, 퇴직 사유, 지원 동기 등 기본 질문에 대한 답변을 미리 정리하고 연습하자.

말의 논리성과 설득력은 물론, 표정과 자세, 리액션 같은 비언어적 요소도 중요하다.

직무와 관련된 경험을 구체적인 사례 중심으로 이야기하면 신뢰를 높일 수 있다.

질문예시

Q. 그동안 해오신 업무 중에서 가장 자신 있는 일은 무엇인가요?
: 과거 경험 중 성과가 있었던 사례를 구체적으로 정리하고, 그 경험이 지원 직무에 어떻게 연결되는지 설명하면 된다.

Q. 해당 직무에 지원하게 된 이유와, 우리 회사를 선택한 이유는 무엇인가요?
: 진심 어린 동기와 기업에 대한 이해를 보여주는 것이 중요. 업계 동향이나 회사 특성을 언급하면 효과적이다.

Q. 최근 몇 년 사이 경력의 공백이 있으신데, 그 기간 동안 어떤 활동을 하셨나요?
: 공백을 부정적으로 해명하기보다는, 배우고 준비한 부분을 중심으로 긍정적으로 설명하는 것이 좋다.

Q. 이전 직장을 퇴사하신 이유는 무엇인가요?
: 전 직장을 비판하기보다는, 개인의 성장 방향이나 새로운 도전의 필요성을 중심으로 정리하여 말한다.

Q. 이전과는 다른 직무(혹은 산업)에 도전하시는데, 어떤 준비를 하셨나요?
: 변화에 대한 유연성, 배우려는 자세, 관련 교육이나 경험 등을 구체적으로 언급하는 것이 좋다.

다대다 면접

다대다 면접은 여러 명의 면접관이 여러 명의 지원자를 동시에 평가하는 방식인데, 중장년 지원자가 낯설게 느끼는 방식 중 하나다. 이 면접은 일반적으로 3~6명의 지원자와 2~5명의 면접관이 한 공간에 모여, 정해진 주제에 대해 토의하거나 발표를 하거나, 질문과 답변을 오가는 형식으로 진행된다.

다대다 면접은 단순히 질문에 잘 답하는 능력만을 보는 것이 아닌, 말을 나누는 태도, 타인의 의견을 듣는 자세, 갈등을 조율하는 리더십, 그리고 팀 안에서 자신의 생각을 조화롭게 드러내는 능력을 종합적으로 평가한다. 20~30대에게는 익숙하지 않더라도 유연하게 대처할 수 있는 방식일지 모르겠지만, 중장년에게는 처음 접해보는 면접일 것이다. 그러나 두려워할 필요는 없다. 오히려 오랜 경력에서 나오는 안정감과 배려심, 듣고 정리하는 힘, 갈등을 조율하는 경험은 이 면접에서 매우 큰 강점이 될 수 있다.

준비 방법

질문을 받을 때 특정 면접관만 바라보지 말고, 모든 면접관에게 고르게 시선을 분산하면서 자연스럽게 이야기하는 연습이 필요하다. 이런 습관은 대화의 흐름을 안정적으로 만들고, 지원자의 여유와 자신감을 보여준다.

질문이 많아질수록 긴장이 높아지기 마련이다. 이럴수록 말을 빨리 하게 되는데, 이는 오히려 불안한 인상을 줄 수 있다. 긴 문장을 외우기보다는, 짧고 또박또박 명료하게 말하는 연습이 효과적이다.

자신의 경력이나 성과를 말할 때는 단순한 나열이 아니라 직무와 어떻게 연결되는지, 그리고 문제를 어떻게 해결했는지의 과정과 결과를 강조하는 것이 좋다. 이것이 중장년의 강점인 실무 경험을 더욱 설득력 있게 전달하는 방법이다.

면접관마다 질문은 달라질 수 있지만, 결국 묻고자 하는 핵심은 유사하다. 핵심 내용은 반복해서 연습해두면 어떤 질문이 와도 흔들림 없이 일관된 메시지를 전달할 수 있다.

사전조사는 필수다. 기업의 최근 동향, 인재상, 면접관의 직무 등을 미리 파악해두면 표면적인 답변을 넘어서 전문적인 태도와 인사이트 있는 답변으로 신뢰를 줄 수 있다.

> **질문예시**

Q. 해당 분야에서 지원자님의 가장 강점이라고 생각하는 부분은 무엇인가요?
: 경험 기반으로 강점을 설명하고, 그것이 지원 직무에 어떻게 적용될 수 있는지를 연결해 말하자.

Q. 우리 조직에 입사한다면 가장 먼저 하고 싶은 일이 있다면 무엇인가요?
: 조직 분석을 바탕으로 실현 가능하면서도 구체적인 목표를 제시하는 것이 좋다.

Q. 팀워크가 중요한 상황에서 갈등이 생긴 경험이 있다면, 어떻게 해결하셨나요?
: 협업과 소통 역량을 보여줄 수 있는 경험을 중심으로 정리하되, 감정보다 해결 과정을 강조하자.

Q. 본인의 약점을 말해주시고, 이를 보완하기 위해 어떤 노력을 하고 계신가요?
: 솔직한 답변과 함께 발전 의지와 행동을 보여주는 것이 포인트다.

Q. 이번 지원을 위해 어떤 준비를 해오셨나요?
: 자기계발, 직무 관련 교육, 정보 조사 등의 노력을 구체적으로 이야기하면 진정성이 전달된다.

실무진 면접

실무진 면접은 해당 직무의 현장 경험이 있는 팀장이나 담당자들이 참여하는 면접으로, 지원자의 실질적인 업무 역량과 현장 적응력을 평가하는 데 중점을 둔다. 대체로 인사담당자와 함께 진행되기도 하지만, 실무진 단독으로 이뤄지는 경우도 있다.

중장년 지원자의 경우, 과거의 경력을 바탕으로 실무에 바로 투입될 수 있는지, 조직과의 협업에 얼마나 유연하게 적응할 수 있는지 등을 종합적으로 검토받는다. 실무진은 기술적 지식과 업무 처리 방식, 상황 대처 능력 등을 실질적인 관점에서 질문하므로, 경험의 깊이와 구체성이 매우 중요하다.

> **준비 방법**

지원하는 직무의 핵심 업무 내용을 파악하고, 이에 부합하는 본인의 경험과 기술을 정리해두자.

경력 중심으로 말하되, '내가 어떻게 기여할 수 있는가'에 초점을 맞추는 것이 좋다.

업무 관련 용어나 절차를 이해하고 있는지, 현장 감각이 살아 있는지를 보여주는 것이 중요하다.

질문예시

Q. 지금까지 맡았던 업무 중, 우리 회사의 직무와 가장 유사한 경험은 무엇인가요?
: 구체적인 프로젝트 사례나 역할을 중심으로 설명하고, 그 경험이 현재 지원 직무에 어떻게 연결되는지를 명확하게 보여준다.

Q. 업무 중 문제 상황이 발생했을 때, 어떻게 해결하셨나요?
: 문제의 원인 분석, 해결 과정, 결과 등을 구조화해 이야기하며, 실무적인 사고력과 책임감을 드러낸다.

Q. 우리 부서에서는 빠른 변화에 적응하는 능력이 중요한데, 새로운 환경에 적응했던 경험이 있다면 들려주세요.
: 변화에 대한 유연성과 학습 능력을 강조하고, 변화 속에서도 긍정적으로 대응했던 사례를 중심으로 말한다.

Q. 앞으로 이 직무를 맡게 된다면, 어떤 방식으로 일하고 싶으신가요?
: 과거 경험을 기반으로 현실적인 계획이나 업무 스타일을 설명하되, 조직 내 소통과 협업의 중요성도 함께 언급한다.

Q. 업무 역량 외에, 팀원으로서 본인의 강점은 무엇이라고 생각하시나요?
: 협업, 소통, 책임감 등 조직 생활에서 중요한 요소를 중심으로 본인의 태도와 가치를 표현한다.

영상 면접 또는 화상 면접

비대면 채용이 늘어나면서 영상 면접이나 화상 면접이 하나의 일반적인 절차로 자리 잡고 있다. 영상 면접은 주로 AI 시스템을 통해 미리 설정된 질문에 답변을 녹화하는 방식이며, 화상 면접은 Zoom, Webex, Teams 등의 플랫폼을 이용해 면접관과 실시간으로 진행된다.

중장년 지원자에게는 다소 낯설고 어색할 수 있지만, 기업은 이를 통해 디지털 적응력과 기본적인 커뮤니케이션 능력을 함께 평가하고자 한다. 특히 1차 전형으로 많이 활용되며, 짧은 시간 안에 자신을 효과적으로 표현하는 능력이 중요하다.

준비 방법

영상 면접은 예상 질문을 바탕으로 제한 시간 안에 답변을 완성하는 연습이 필요하다.

카메라는 눈높이에 맞추는 것이 기본이다. 아래에서 위로 비추거나, 얼굴만 크게 나오는 앵글은 피하도록 한다.

렌즈를 바라보며 말하는 연습을 해야 면접관과 눈을 맞추는 느낌을 줄 수 있다.

역광(뒤쪽 빛)이나 형광등 아래 그림자는 피하고, 자연광 또는 링라이트 등을 활용하면 더욱 또렷한 인상을 줄 수 있다.

이어폰 또는 헤드셋 사용 시 마이크 성능이 좋은지 사전 테스트가 필요하다.

주변에 생활 소음(에어컨, 시계, TV 소리 등)이 없는 조용한 공간을 확보하도록 한다.

말의 속도와 톤, 표정과 제스처를 점검하고, 화면 너머에서도 신뢰감을 줄 수 있는 전달력을 키우는 것이 중요하다.

배경은 가급적 흰색, 베이지, 밝은 회색 등의 무난한 색상 배경이 깔끔한 인상을 준다.

와이파이보다 유선 연결이 더 안정적이다. 가능하다면 랜선을 연결해 사용한다.

질문예시

Q. 자기소개를 1분 이내로 해주세요.
: 핵심 경력과 지원 동기를 간결하게 요약하고, 밝은 표정과 안정된 말투로 전달하면 좋다.

Q. 우리 회사가 귀하를 채용해야 하는 이유는 무엇이라고 생각하시나요?
: 자신의 경험이 회사에 어떤 가치를 줄 수 있는지를 명확히 설명하며, 직무 적합성을 강조하자.

Q. 다른 사람들과 협업할 때 가장 중요하게 생각하는 점은 무엇인가요?
: 중장년층의 강점인 책임감, 조율 능력 등을 사례를 들어 설명하면 설득력을 높일 수 있다.

Q. 최근에 도전하거나 새롭게 배운 경험이 있다면 소개해주세요.
: 디지털 학습, 자격증 취득, 사회 활동 등 변화에 대한 적응력을 보여주는 사례가 효과적이다.

Q. 화상 면접은 처음이신가요? 긴장되시진 않나요?
: 솔직한 감정을 짧게 말하면서도, 새로운 방식에도 잘 적응하고자 하는 태도를 함께 보여주는 것이 좋다.

각 면접 유형의 특징을 정확히 이해하고 그에 맞는 전략을 세운다면, 면접장에서 더욱 자신감 있게 자신을 표현할 수 있을 것이다. 철저한 준비가 좋은 결과로 이어진다는 점을 기억하자.

재취업에 성공하는 면접 전략 TOP5

1. 자신의 경력을 간결하게 정리하라

면접에서 가장 먼저 묻는 '자기소개'는 경력의 요약본입니다. 경력 중심 자기소개는 '경력 흐름 – 주요 성과 – 현재 목표'로 구성해보도록 한다.

준비 방법
20년 경력을 2분 안에 설명하는 연습 필요
경력 흐름은 연도보다는 직무 중심으로 정리
숫자로 성과를 표현 (예: 매출 30% 향상 기여)

2. 왜 이 직무인가, 왜 이 회사인가를 명확히 하라

면접관은 '우리 회사에 오래 다닐 사람인지', '직무에 열정이 있는지'를 확인합니다. 명확한 동기와 이해가 없으면 탈락 확률이 높습니다.

준비 방법
회사 홈페이지와 뉴스 검색으로 최근 이슈 파악
공고의 직무 설명을 분석해 역량 연결
'이 회사의 어떤 점이 나와 맞는가'를 미리 준비하기

3. 이전 직장과의 퇴직 사유는 '성장과 변화'로 풀어라

퇴직 이유를 솔직하게 말하면서도 긍정적인 방향 전환이 있어야 한다. 문제 회피형이 아닌 성장 지향형 태도를 보여주는 것이 중요하다.

준비 방법
부정적인 표현은 피하고 '변화, 도전, 성장' 같은 키워드 활용
퇴사 후에도 자기계발을 이어온 점 강조
불가피한 사유(정년, 구조조정 등)는 담담하게 설명

4. 나이와 경력에 대한 질문은 '유연한 태도'로 대응하라

나이나 연차는 피할 수 없는 질문이다. 겸손하면서도 유연함을 강조하는 자세가 핵심이다.

준비 방법
'배우는 자세'를 강조하며 변화 수용 능력을 어필
다양한 세대와 협업했던 경험 예시 준비
과거 방식만 고집하지 않는다는 점을 표현

5. 마지막 질문에 '회사 기여 방안'을 준비하라

면접의 마지막은 '하고 싶은 말'로 끝나지 않는다. 마지막 인상은 강력한 '기여 약속'으로 남겨야 한다.

준비 방법
입사 후 3개월, 6개월, 1년 계획을 간단히 말할 수 있게 준비
과거 경험을 바탕으로 회사에 적용할 수 있는 부분 제안
구체적인 기여 포인트를 예시로 언급

자주 묻는 면접 질문과 답변 준비 방법

중장년층의 취업 면접에서는 반복적으로 등장하는 핵심 질문들이 있다. 질문은 어느 정도 정형화되어 있으며, 최근 면접의 흐름은 한 가지 질문에서 파생되어 꼬리를 무는 '꼬리질문'(Follow-up Questions) 형태로 이어지는 경향이 강하다.

따라서, 처음 나오는 질문에 대해 논리적이고 전략적인 답변을 준비해두는 것이 매우 중요하며, 한 번의 답변이 이후의 질문 방향을 결정하기 때문에, 처음부터 흐름을 주도하는 스피치 전략이 필요하다.

예상 질문 & 대응법 예시

"자기소개 해보세요" → 1분 내 강점 중심 스피치

예) "안녕하십니까. 저는 20년 이상 제조업 현장에서 생산관리와 품질개선을 담당해온 OOO입니다. 특히, 공정 개선 프로젝트를 통해 불량률을 30% 이상 줄이고, 팀원들과 협업하며 생산성을 높이는 성과를 낸 경험이 있습니다. 다양한 현장 경험과 문제 해결력, 그리고 팀워크를 바탕으로 새로운 조직에서도 빠르게 기여할 수 있다고 자신합니다."

"왜 우리 회사에 지원하셨나요?" → 기업 분석 + 나의 역량 연결

예) "귀사는 최근 친환경 설비를 도입하고 지속 가능한 생산 시스템을 구축하고 있는 것으로 알고 있습니다. 저 역시 이전 회사에서 스마트공장 구축 프로젝트에 참여한 경험이 있어, 귀사의 변화 방향과 잘 맞는다고 느꼈습니다. 제가 가진 현장 운영 노하우와 개선 경험이 귀사의 혁신에 도움이 될 수 있을 거라 생각해 지원하게 되었습니다."

"이전 직장을 퇴사한 이유는?" → 비난 없이 성장의 관점 강조

예) "오랜 기간 동안 한 조직에서 다양한 업무를 경험하며 많이 배웠고, 안정적으로 일해왔습니다. 하지만 일정 시점 이후에는 새로운 도전을 통해 더 성장하고 싶다는 생각이 들었고, 이전 조직보다는 변화와 혁신이 활발한 환경에서 제 역량을 펼쳐보고자 퇴사하게 되었습니다. 지금은 그간의 경험을 바탕으로 새롭게 기여할 수 있는 준비가 되어 있습니다."

"우리 조직에 잘 적응할 수 있을까요?" → 경험 기반의 협업 사례 제시

예) "저는 다양한 연령대와 함께 일하면서 팀워크를 중요하게 생각해왔습니다. 특히 최근 몇 년간은 20~30대 젊은 팀원들과 프로젝트를 함께 하며 소통과 협업의 중요성을 많이 체감했습니다. 나이가 많다고 해서 고집을 부리기보다는, 먼저 배우고자 하는 자세로 접근해왔고, 그 덕분에 세대 간의 다리 역할을 할 수 있었습니다. 새로운 조직에서도 유연하게 소통하며 빠르게 적응할 수 있다고 생각합니다."

면접에서 떨어지는 유형과 합격하는 유형

많은 중장년 구직자들이 경력도 충분하고 준비도 열심히 했는데 왜 떨어졌는지 모르겠다고 말하는 경우가 있다. 하지만 면접관의 입장에서 보면, 작은 말 한마디, 미묘한 태도 차이가 당락을 좌우하는 경우가 많다.

특히 요즘 면접은 정형화된 질문을 바탕으로 꼬리질문이 이어지는 구조가 많기 때문에, 처음에 나오는 핵심 질문에 대한 답변이 신뢰와 역량, 태도를 동시에 보여진다. 이번 파트에서는 실제 면접에서 자주 나오는 질문을 중심으로, '떨어지는 답변'과 '합격하는 답변'의 차이를 비교하여 합격하는 답변을 만드는 방법을 익힐 수 있다.

예) 질문1. 이전 직장을 퇴사한 이유는 무엇인가요?

유형	실제 답변 예시	평가기준
떨어지는 답변	상사와의 갈등이 심했고, 조직 분위기도 저와 맞지 않았습니다.	부정적인 인상을 주며, 책임 회피와 조직 부적응으로 보일 수 있음
합격하는 답변	기존 회사에서 충분히 배울 수 있었지만, 제 경력을 더 발전시킬 수 있는 새로운 환경을 찾고자 결심했습니다.	성장 지향적이며, 스스로 방향을 정하고 도전하는 사람처럼 보임

예) 질문2. 우리 조직에 잘 적응할 수 있겠습니까?

유형	실제 답변 예시	평가기준
떨어지는 답변	적응은 해봐야 알겠지만, 저는 저만의 방식이 있어서요.	고집스러운 인상. 융화와 협업에 대한 우려를 낳을 수 있음
합격하는 답변	다양한 세대와 협업해 본 경험이 있고, 어떤 환경에서도 배우고자 하는 자세로 임해왔습니다.	유연성과 소통 역량을 잘 보여줌. 조직 친화력 강조.

예) 질문3. 입사 후 어떤 기여를 할 수 있을까요?

유형	실제 답변 예시	평가기준
떨어지는 답변	주어지는 일은 열심히 하겠습니다.	구체성이 없고 수동적. 회사에 어떤 이점을 줄 지 불분명
합격하는 답변	초기에는 조직의 운영방식을 빠르게 익히고, 제가 했던 OO프로젝트 경험을 살려 업무 효율화에 기여하고 싶습니다.	구체적이고 능동적, 실질적 기여 가능성을 보여줌

면접은 취업을 결정짓는 마지막 관문이다. 서류와 필기 전형을 통과한 이후에는, 지원자의 역량과 태도를 직접적으로 보여줄 수 있는 기회가 주어진다. 이 단계에서는 자신이 왜 이 직무에 적합한 사람인지를 논리적으로 설명하는 것이 중요하다.

단순히 경험을 나열하는 것에 그치지 않고, 자신의 강점이 해당 직무에 어떻게 기여할 수 있는지를 구체적으로 연결해 설명할 수 있어야 한다. 면접관은 '열심히 하겠다'는 말보다, 실제 사례를 통해 준비된 태도를 보여주는 지원자를 높게 평가한다.

면접에서 좋은 인상을 남기기 위해서는 예상 질문에 대한 답변을 미리 정리하고, 말로 자연스럽게 표현하는 연습이 필요하다. 많은 합격자들이 공통적으로 강조하는 점은, '면접은 연습 없이 잘 보기 어렵다'는 것이다. 결국 철저한 준비를 통해 인생 제2막 재취업 합격으로 가보자.

03

다시 쓰는 면접의 공식, 중장년을 위한 전략

재취업 면접, 무엇이 다를까?

취업 시장에서 청년 구직자에게 요구되는 것은 '성장 가능성'이다. 하지만 중장년 구직자는 다르다. 기업은 중장년 지원자에게 빠른 적응력과 즉시 기여할 수 있는 실무 역량을 기대한다.

즉, 청년은 '앞으로 잘할 수 있다'는 가능성을 보여줘야 하지만, 중장년은 '지금 당장 잘할 수 있다'는 증거를 제시해야 한다. 따라서 면접에서도 '열심히 배우겠습니다'보다는 '바로 현장에 투입되어 기여하겠습니다'는 메시지가 훨씬 더 효과적으로 작용한다.

기업은 중장년 인재에게 단기간에 결과를 낼 수 있는 실행력과 경험 기반의 판단력을 기대한다. 면접에서 이러한 신뢰를 얻기 위해서는 '포부 중심'이 아닌 '검증 중심'의 표현으로 메시지를 구성하는 것이 중요하다.

'성장 가능성'보다 '즉시 활용 가능한 역량'을 보라

젊은 구직자들은 아직 업무 경험이 많지 않기 때문에, 면접에서는 주로 '잠재력'과 '배우려는 자세'를 본다. 즉, 얼마나 빠르게 성장할 수 있을지를 기대하는 것이다. 반면, 중장년 구직자는 상황이 다르다. 기업은 중장년 지원자에게 '바로 실무에 투입 가능한 준비된 역량'과 '조직에 안정적으로 기여할 수 있는 능력'을 기대한다. 따라서 중장년 면접에서는 '열정'을 강조하기보다는, 내가 가진 경험과 기술로 어떤 문제를 해결할 수 있는지, 입사 직후 어떻게 기여할 수 있는지를 구체적으로 제시하는 것이 필요하다.

예를 들어, "저는 20년간 고객 응대 및 문제 해결을 담당하며 다양한 이슈를 신속히 처리해왔습니다. 입사 후에도 고객 만족도를 높이는 데 즉시 기여할 수 있습니다."라고 작성을 해보는 것을 추천한다.

경력보다 '적응력'과 '융화력'을 보여야 한다

오랜 경력을 강조하는 것은 자칫 면접관에게 거리감을 줄 수 있다. '나는 이런 대단한 일을 했다'라는 과거 중심의 이야기는 오히려 부정적인 인상을 남길 수 있다. 중장년 면접에서는 '내가 새로운 조직에 얼마나 빠르게 녹아들 수 있는지', '기존 팀원들과 어떻게 협력할 수 있는지'를 보여주는 것이 훨씬 중요하다. 겸손하면서도 자신 있는 태도로, '팀워크', '유연성', '변화 수용력'을 강조하면 좋은 평가를 받을 수 있다.

예를 들어, "다양한 팀에서 일하며 상사와 후배, 고객과의 소통을 조율한 경험이 많습니다. 새로운 환경에서도 빠르게 적응하고 팀에 기여할 수 있습니다."라고 팀워크 부분을 말해보기 바란다.

조직 문화에 융화될 수 있는 태도를 본다

오늘날 대부분의 조직은 다양한 연령대와 세대가 함께 일하는 구조다. 특히 젊은 팀장, 20~30대 실무진과 협력해야 하는 경우가 많다. 이때 '내가 이끌겠다'는 리더십 중심의 자세보다는, '조력자', '지원자'로서 팀에 녹아들 준비가 되어 있다는 태도가 매우 중요하다. '배우겠다', '존중하겠다'는 키워드를 적극적으로 사용하는 것이 효과적이다.

예를 들어, "오랜 경력 동안 다양한 연령대와 일하며 소통하는 방법을 익혔습니다. 특히 팀 내 다양한 의견을 존중하고 협력하는 데 강점을 가지고 있습니다."라고 강점을 어필해보기 바란다.

재취업 시장은 '현실 감각'과 '장기 기여 가능성'을 본다

중장년 재취업 시장은 과거보다 기대치를 다소 조정해야 하는 경우가 많다. 과거의 연봉, 직급 수준을 그대로 기대하면 기회를 잃을 수도 있다. 기업은 중장년 지원자에게 '높은 가성비'와 함께 '장기 근속 가능성', '안정적인 조직 기여'를 중요하게 본다. 면접에서는 '조건'보다는 '기여'를 강조하고, 당장 어떤 역할을 맡든 최선을 다하겠다는 진정성 있는 의지를 보여야 한다.

예를 들어, "저는 주어진 환경과 조건 안에서 최선을 다해 역할을 수행할 준비가 되어 있습니다. 조직과 함께 성장하며 장기적으로 기여하고자 합니다."라고 말해보기 바란다.

 셀프 진단

재취업 면접 준비 점검표

진단 방법

각 항목을 읽고, 현재 나의 준비 상태를 점수로 표시해봅니다.
1점(전혀 준비되지 않음)부터 5점(매우 잘 준비됨)까지 솔직하게 선택하세요.

번호	문항	점수 (1~5점)
1	내 경력과 경험을 새 직무에 어떻게 적용할지 명확히 설명할 수 있다.	
2	변화하는 조직 문화에도 빠르게 적응할 준비가 되어 있다.	
3	직급이나 나이에 기대지 않고, 맡은 역할에 충실할 마음가짐이 되어 있다.	
4	다양한 세대와 원활하게 소통하고 협력할 자신이 있다.	
5	현재 시장 상황을 고려하여 연봉과 직무 조건을 합리적으로 바라볼 수 있다.	
6	예상치 못한 질문에도 침착하게 내 생각을 정리해 답할 수 있다.	
7	과거의 실패를 긍정적인 배움의 이야기로 풀어낼 수 있다.	
8	면접 당일 긴장하더라도 침착하게 대처할 방법을 알고 있다.	

점수에 따른 준비 진단

총점	나의 준비 상태	한 줄 조언
36~40점	준비 완료	자신감을 가지고 면접에 임하세요. 디테일만 다듬으면 된다.
28~35점	거의 준비됨	부족한 부분을 구체적으로 점검하고 마무리하기
20~27점	준비 미흡	취약한 영역을 집중 강화해야 좋은 결과를 기대할 수 있다.
19점 이하	전면 점검 필요	기본기부터 다시 탄탄히 다져야 성공 확률이 높아진다.

'나이'가 아닌 '경험'을 이야기하는 법

많은 중장년 구직자들이 면접에서 연차나 과거 직급을 강조하는 실수를 한다. 하지만 오늘날 기업은 단순한 '연차'가 아니라, '현재와 미래에 기여할 수 있는 실질적인 경험'을 더 중요하게 평가한다. 따라서 나이나 경력 자체를 이야기하기보다, "그동안 어떤 경험을 했고, 그 경험이 이 직무에 어떻게 도움이 되는지"를 구체적으로 풀어내야 한다.

연차나 직급 대신, 구체적인 '성과 경험' 중심으로 말하기

몇 년을 일했는지, 어떤 직책이었는지보다 어떤 문제를 해결했고, 어떤 성과를 냈는지를 강조해야 한다.

> 예) "OO기업에서 근무할 당시, 10명 이상의 팀을 이끌며 매출 목표를 120% 초과 달성한 경험이 있습니다."

과거 경험을 현재 직무에 자연스럽게 연결하기

무조건 '내 경험'만 이야기하면 과거에 머물러 보인다. 경험을 이야기할 때는 '이런 경험을 통해, 앞으로 이렇게 기여하겠다'는 흐름으로 마무리해야 한다.

> 예) "과거 프로젝트 경험을 통해 다양한 부서와 협업하는 방법을 익혔습니다. 이를 기반으로 귀사의 다양한 부서와 원활히 소통하며 업무를 추진할 수 있습니다."

실패 경험도 '교훈'으로 변환해 이야기하기

실패를 숨기려 하지 말고, 그 경험을 통해 무엇을 배우고 어떻게 성장했는지를 강조하면 오히려 신뢰를 얻을 수 있다.

> 예) "초기 프로젝트 진행 중에는 커뮤니케이션 오류로 일정이 지연된 경험이 있습니다. 이후 정기적 소통 프로세스를 도입해 문제를 예방한 경험이 저에게 큰 배움이 되었습니다."

경력을 짧게, 배우고 성장한 부분은 구체적으로 작성하기

경력 이야기는 짧게 핵심만 전달하고, 거기서 얻은 구체적인 역량과 태도 변화를 깊게 설명하는 방식이 효과적이다. 내 경험을 자연스럽게 연결하여 말하기 위해서 아래의 '내 경험 연결하기 연습표'에 본인의 경험 정리를 해보기 바란다. 나의 과거 경험을 어떻게 현재 지원하는 직무에 연결할 수 있을지 스스로 정리해보자. 다음 표를 채워가면서 답변 준비까지 함께 완성할 수 있다.

항목	작성 예시	나의 경험 내용
주요 경력 경험	고객 서비스 부서에서 10년간 고객 응대 및 클레임 해결 담당	본인이 맡았던 직무나 프로젝트를 구체적으로 적는다.
주요 성과 또는 프로젝트	연간 고객 불만 건수 30% 감소, 고객 만족도 지표 향상	수치, 변화, 결과 등 성과를 눈에 보이게 적는다.
이 경험을 통해 키운 역량	빠른 문제 해결력, 고객 심리 파악 능력, 침착한 위기 대응	그 경험을 통해 길러진 능력이나 배운 점을 정리한다.
지원 직무와 연결할 수 있는 부분	지원 부서의 고객 관리 업무에 즉시 활용 가능, 고객 이탈률 감소에 기여 가능	지원하려는 직무와 어떻게 연결되는지 생각해 적는다.
최종 정리 문장	고객 문제를 신속하고 정확하게 해결해 본 경험을 살려, 귀사의 고객 만족도 향상에 기여하겠습니다.	면접 답변에 쓸 수 있도록 깔끔한 문장으로 최종 요약한다.

예상 밖 질문에 대처하는 여유 있는 답변법

면접에서는 예상했던 질문만 주어지지 않고, 준비하지 못했던 생소한 질문이나, 직무 외적인 상황, 가치관, 대인관계 스타일을 묻는 질문, 또는 "최근에 읽은 책은 무엇인가요?"와 같은 돌발 질문이 나올 수 있으며, 이럴 때는 모든 답을 완벽히 하려 하기보다 상황을 여유롭게 받아들이고 자신의 생각을 자연스럽게 풀어내는 태도가 중요하다.

생각할 시간을 정중히 요청하는 방법 익히기

예상하지 못한 질문이 나오면 바로 대답하려고 조급해하지 말고, 짧게 "좋은 질문입니다. 잠시 생각할 시간을 주시겠습니까?"라고 정중히 요청한다. 또는 "좋은 질문입니다. 제 경험을 비춰 생각해보자면…"라는 식으로 말을 시작하자.

처음 듣는 질문은 '경험'으로 연결하기

생소한 질문이라도, 내 경험이나 기존 역량과 연결시켜 답변을 끌고 가는 훈련이 필요하다. 완벽한 정답보다, 성실하고 논리적인 연결이 중요하다. 만약 면접관이 "가장 최근에 실패한 경험은?"이라는 질문을 했다면 다음과 같이 답변을 해보자. "최근에는 프로젝트 일정 조율 과정에서 예상보다 조율이 늦어진 경험이 있습니다. 하지만 이 과정을 통해 팀 내 소통 프로세스를 개선하는 계기가 되었던 점이 큰 배움이었습니다."

당황한 표정을 관리하는 연습

당황한 기색이 역력하면 자신감이 떨어져 보인다. 질문을 받았을 때는 미소를 유지하며 자연스럽게 고개를 끄덕이고 잠시 생각하는 제스처를 취하는 것도 좋은 방법이다.

답변 흐름은 '긍정 → 경험 → 마무리'로 정리

긍정적으로 질문을 받아들이고, 자신의 경험을 근거로 이야기하며, 명확한 결론을 제시하는 방식으로 답변을 정리한다. "지금까지 행정 업무만 보셨는데, 사회복지직을 왜 하려고 하시는 건가요?"과 같은 질문이 딱 이에 적합하다고 볼 수 있다.

1. 긍정 (질문을 긍정적으로 수용하기)

"네, 저는 주로 행정 분야에서 경력을 쌓아왔지만, 업무를 수행하면서 항상 '사람을 돕는 일'에 큰 가치를 느껴왔습니다."

2. 경험 (본인의 실제 경험을 근거로 이야기하기)

"예를 들어, OO기관에서 근무할 당시에는 민원인들의 요청을 단순히 처리하는 것을 넘어, 각자의 상황을 세심히 듣고 필요한 지원을 연결하는 데 주력했습니다. 이 과정에서 행정적 지원이 한 사람의 삶에 긍정적인 변화를 만들 수 있다는 점을 직접 체감했습니다."

3. 마무리 (명확하고 긍정적인 결론 제시하기)

"이러한 경험을 기반으로, 이제는 보다 직접적으로 이웃을 지원하는 사회복지직에 도전하고자 합니다. 행정 업무를 통해 키운 체계적인 일 처리 능력과 배려하는 마음을 바탕으로, 현장에서 신뢰받는 사회복지사가 되겠습니다.

면접 당일, 긴장감을 관리하는 실전 팁

면접 당일 긴장은 누구에게나 자연스러운 현상이다. 특히 오랜만에 면접을 보는 중장년 지원자에게는 긴장이 더욱 크게 느껴질 수 있다. 중요한 것은 긴장을 없애려고 억지로 애쓰는 것이 아니라, 긴장을 자연스럽게 인정하고, 관리하는 방법을 갖추는 것이다.

긴장을 낮추기 위한 개인 루틴 만들기

면접 전에 간단한 스트레칭이나 심호흡을 통해 몸의 긴장을 풀어주도록 한다. 평소 익숙한 작은 루틴(예 : 천천히 세 번 깊게 숨 쉬기, 손가락 가볍게 털기)을 만들어 놓으면 긴장 완화에 도움이 된다. 예를 들어, 대기실에서 천천히 5초 들이쉬고 5초 내쉬는 심호흡 3회를 반복해보자.

답변은 '암기'보다 '핵심 기억'으로 준비하기

답변을 통째로 외우려고 하면 실수할 때 오히려 더 당황하게 된다. 암기 대신, 핵심 메시지(내가 말하고 싶은 요지)만 기억하고 자연스럽게 풀어내는 연습이 필요하다. 예를 들어, 내 강점이 '문제 해결력'이라면, 다양한 사례를 자유롭게 연결하며 이야기하는 연습을 해보자.

입장 시 미소와 또박또박한 인사

첫인상은 단 몇 초 안에 결정된다. 문을 열고 들어올 때 가볍게 미소 짓고, 면접관을 바라보며 또박또박 인사하는 것만으로 좋은 인상을 줄 수 있다. 입가에 '음' 발음을 한 미소를 짓으며, "안녕하십니까. 면접 기회를 주셔서 감사합니다. 지원자 OOO입니다."라고 말을 하자.

실수했을 때 여유롭게 수습하는 연습

실수는 누구에게나 일어날 수 있다. 중요한 것은 그 순간을 어떻게 대처하느냐이다. 당황하지 않고, 정중하게 다시 답변할 기회를 요청하면 오히려 진정성과 성숙함을 보여줄 수 있다. 실수를 했다면 "죄송합니다. 조금 더 명확하게 답변드리겠습니다. 다시 말씀드리겠습니다."와 같은 말을 하며 당황하지 말자.

재취업 면접은 단순히 경력을 나열하는 자리가 아니다. 지금까지 쌓아온 경험을 새로운 조직에 어떻게 기여할 수 있을지를 증명하는 무대입니다. 이 장에서는 중장년 지원자가 면접에서 주목해야 할 핵심 포인트, 젊은 구직자와는 다른 기대 포인트를 이해하고, 세대 차이를 극복하는 소통법을 익히고, 나이 대신 경험을 전략적으로 이야기하는 방법을 연습하도록 한다. 또한 예상치 못한 질문에 대응하는 여유로운 태도와 면접 당일 긴장을 관리하는 실전 팁까지 함께 준비까지 정리되어 있으니 꼭! 순서로 연습해서 중장년 재취업 준비를 체계적으로 하길 바란다.

세대차를 극복하는 소통 전략

오늘날 대부분의 조직은 다양한 세대가 함께 일하고 있다. 특히 젊은 리더와 함께 일하는 경우도 흔할뿐더러 재취업 면접에서는 '세대 차이를 극복하고 원활히 소통할 수 있는지'가 중요한 평가 기준이 된다. 기업은 나이 많은 지원자가 '융화할 수 있는 사람인가', '유연하게 소통할 수 있는가'를 주의 깊게 살펴본다. 세대차를 인정하되, 이를 극복하고 적극적으로 소통하려는 태도가 핵심이다.

소통 전략

'나 때는' 발언 금지

과거 경험을 과시하거나, 옛 방식을 강요하는 발언은 세대 차이를 더욱 부각시킨다.

"예전에는~" "우리 때는~"이라는 말 대신, 현재와 미래를 이야기하는 습관을 들이자.

경청하는 태도

상대방의 말을 끝까지 듣고, 말이 끝나기 전 끼어들지 않는 것이 중요하다.

특히 젊은 상사가 말할 때는 고개를 끄덕이며 경청하는 작은 제스처만으로도 신뢰를 얻을 수 있다.

짧고 명확한 소통 훈련

긴 설명은 세대 차이를 더 느끼게 만든다.

핵심만 간결하고 명확하게 전달하는 훈련을 해야 한다.

'3줄 안에 요약하기' 연습을 해보기

존중하는 언어 사용

나이와 상관없이 상대방을 '상대'로서 존중하는 표현을 사용하도록 한다.

"배우겠습니다", "좋은 의견입니다" 등 긍정적인 피드백을 자연스럽게 섞으면 소통의 벽이 낮아진다.

긍정 소통 사례 vs 아쉬운 소통 사례 비교

구분	긍정 소통	아쉬운 소통
대화 태도	상대방의 말을 끝까지 경청하고, 이해를 표현한다.	중간에 끼어들어 자신의 생각을 먼저 주장한다.
전달 방식	핵심을 간결하고 명확하게 전달한다.	불필요하게 긴 과거의 경험담을 중심으로 이야기한다.
협업 자세	다양한 의견을 수용하고, 함께 조율을 하려 한다.	자신의 과거 방식만을 고집하며 다른 방식을 무시한다.
표현 언어	"좋은 아이디어네요", "새로운 관점을 배웠습니다"와 같은 긍정적 언어를 사용한다.	"이건 원래 이렇게 해야 해", "나 때는 다르게 했어" 같은 과거 중심 발언을 사용한다.
세대차 대응	세대 차이를 자연스럽게 인정하고 유연하게 접근한다.	세대 차이를 문제 삼아 비판하거나 부정적인 반응을 보인다.

세대차를 자연스럽게 극복하는 대화 스크립트

상황 1 - 젊은 팀장이 새로운 방법을 제안할 때

아쉬운 대답 예시
"그건 비효율적이야. 우리 때는 다르게 했어." (과거 기준을 고집하며 변화를 거부하는 인상)

바람직한 대답 예시
"새로운 방법을 제안해주셔서 고맙습니다. 저는 기존 방식을 주로 사용했지만, 제안해주신 방법도 함께 검토해보면 좋은 결과를 낼 수 있을 것 같습니다." (변화를 수용하려는 열린 태도+협력의 메시지)

상황 2 - 젊은 동료가 의견을 제시했을 때

아쉬운 대답 예시
"경험이 부족해서 그렇게 생각하는 거야." (상대방의 시각을 무시하고 세대차를 부각시키는 표현)

바람직한 대답 예시
"새로운 시각이라 신선하네요. 제 경험과 함께 조율하면 더 좋은 방향을 만들 수 있을 것 같습니다." (상대방의 아이디어를 존중하고, 자신의 경험을 조심스럽게 더하는 접근)

 2가지 상황을 잘 살펴보고, 나에게 유사한 일이 생겼을 때 이처럼 대처해보기 바란다.

 다음의 세대차 소통에서 자주 하는 실수 체크리스트를 통해서 다음 항목 중, 무심코 하고 있는 습관이 없는지 점검보자. 스스로 체크하며 고칠 부분을 찾아보는 것이 중요하다.

번호	항목	체크
1	상대방의 이야기를 끊고 중간에 내 생각을 먼저 이야기한 적이 있다.	☐
2	젊은 동료나 상사에게 "요즘 애들은~" 같은 표현을 사용한 적이 있다.	☐
3	대화 중 과거 성공 경험을 장황하게 설명한 적이 있다.	☐
4	새로운 방법이나 아이디어를 들었을 때 곧바로 부정한 적이 있다.	☐
5	다른 세대의 방식에 대해 "그건 비효율적이다"라고 단정지은 적이 있다.	☐
6	상대방이 의견을 말할 때 가볍게 넘기거나, 진지하게 받아들이지 않은 적이 있다.	☐
7	내 경험과 연차를 지나치게 강조하며 상대적으로 상대방을 낮춘 적이 있다.	☐
8	불필요하게 긴 설명으로 상대방의 집중력을 떨어뜨린 적이 있다.	☐
9	다른 세대의 문화를 이해하려는 시도 없이 평가하거나 거부한 적이 있다.	☐
10	면접이나 업무 중 내가 맞다는 전제를 깔고 대화한 적이 있다.	☐

👉 체크리스트 활용 방법

- 체크가 많을수록, 소통 스타일을 점검하고 개선할 부분이 있다는 의미이다.
- 한 번에 고치려고 하기보다, 하루에 한 가지 습관씩 의식적으로 바꿔보기 바란다.
- 특히 경청과 존중하는 언어를 사용하는 연습부터 시작하는 것이 효과적이다.

4
성공 재취업 사례

01

동종취업

퇴직 후의 새로운 시작

"퇴직은 끝이 아니라, 멈춰 있던 나를 다시 시작하게 만든 전환점이었어요."

박정호 씨(가명, 58세)는 30년 가까이 한 은행에서 성실히 일해오다 예정보다 빠르게 퇴직 통보를 받았다. 정년까지 버틸 수 있을 거라 믿었던 터라, 퇴직은 상실감과 허탈함으로 다가왔다. 매일 아침 정해진 시간에 나가던 생활이 멈추고 하루하루가 무의미하게 느껴졌고 "나는 이제 무엇을 할 수 있을까?"라는 물음이 머릿속을 떠나지 않았다.

그렇게 시간을 보내던 중 우연히 먼저 퇴직한 선배의 조언으로 지역 고용센터에서 운영하는 중장년 취업 프로그램에 참여하게 되었다. 처음에는 어색했지만, 같은 고민을 안고 모인 동년배들과의 만남은 위안이 되었고, 다양한 교육을 접하면서 서서히 마음이 열렸다. 특히 커뮤니케이션과 컨설팅 기초 과정은 그에게 새로운 자극을 주었다.

오랜 시간 금융 실무에서 쌓은 경험과 고객을 대했던 응대력, 공감 능력이 강점이라는 사실을 다시 깨달았기 때문이다. 그는 실습과 피드백을 통해 자신감을 회복했고, 그 흐름을 놓치지 않기 위해 AFPK(재무설계사)와 전산세무 2급 자격증에 도전했다.

늦은 밤까지 문제를 풀고 시험장을 찾는 일상이 처음엔 낯설었지만 다시 무언가를 배워간다는 사실이 큰 활력이 되었다. 자격증 취득 후 그는 소규모 기업와 개인을 대상으로 재무 컨설턴트로 활동을 시작했다. 지금은 상담과 강의를 병행하며 자신의 경험을 후배 중장년에게 나누고 있다. 박씨는 "퇴직은 끝이 아니라, 멈춰 있던 나를 다시 시작하게 만든 전환점이었어요"라고 말한다.

아이들의 시선에서 찾은 나

"이젠 제 삶의 리듬에 맞춰서 제가 잘 할 수 있는 일을 하며 살아가고 있어요."

문희옥 씨(가명, 59세)는 유치원 교사로 30년 넘게 아이들과 함께 살아왔다. 작은 손을 잡고 걸으며 노래 부르고 계절마다 새로운 활동을 준비하던 하루하루가 그녀의 전부였다. 하지만 체력적으로 점점 힘에 부치기 시작했고 어느덧 정년을 앞두고 퇴직을 결정하게 되었다. '이제는 쉬어야 할 때인가 보다'라고 마음을 다잡았지만 막상 일을 그만두고 나니 마음이 이상했다. 쉬는게 익숙하지 않았다. 너무 오래 일해서 일을 안 하니 오히려 더 낯설고 어색했던 것이다.

그러던 중 우연히 '아이돌봄 서비스'라는 단어가 눈에 들어왔다. '이건 내가 잘 할 수 있는 일이 아닐까?'하는 마음에 관련 정보를 찾아보기 시작했고 자격 조건, 교육과정, 신청 절차 등을 하나하나 살펴보며 다시 새로운 시작을 준비했다. 아이를 돌보는 일이니 만큼 기본적인 소양교육과 안전교육, 실습까지 거친 뒤 드디어 정식 아이돌보미로 등록되었다.

처음 맡은 아이는 초등학교 저학년. 방과 후 집에서 부모님이 퇴근할 때까지 함께 시간을 보내주는 역할이었다. 간단한 간식을 챙기고 숙제를 도와주고 함께 책을 읽으며 이야기를 나누는 평범한 시간이었지만 그 속에서 문씨는 다시 선생님이 되어있었다. 아이와 눈을 맞추며 말할 때마다 예전의 감각이 자연스럽게 되살아났고 부모들은 그녀의 섬세한 돌봄에 깊은 신뢰를 보냈다.

입소문이 퍼지면서 문씨를 찾는 가정이 하나둘 늘기 시작했다. 아이의 특성에 맞춰 놀이나 독서, 감정 표현을 유도해주는 방식으로 유치원 교사 시절 그대로였고, 그녀의 장점이 그대로 살아가는 순간이었다. 무엇보다 유치원처럼 수업 준비나 행사기획, 늦은 퇴근 없이 정해진 시간에 맞춰 일할 수 있다는 점이 큰 장점이었다. "아이를 사랑하는 마음 하나로 시작한 일이었는데, 그게 여전히 누군가에게 필요한 일이라는게 참 감사했어요."

문씨는 지금도 일주일에 몇 번 정해진 시간에 아이들과 만나며 하루하루를 채워가고 있다. 평생 아이들과 함께 해온 자신의 삶이 퇴직 후에도 이어질 수 있다는 건 크고 조용한 기쁨이었다. "이젠 제 삶의 리듬에 맞춰서 제가 잘 할 수 있는 일을 하며 살아갑니다. 그 동안의 모든 시간이 헛되지 않았다는 걸 매일 느끼고 있어요."

현장 복귀와 경력의 재발견

"말할 수 있다는 것, 그리고 누군가에게 여전히 도움이 된다는 것이 이렇게 기쁜 일인 줄 몰랐어요."

김성호(가명, 63세)씨는 건설 현장에서만 40년을 일한 베테랑이었다. 현장소장으로 일하면서도 직접 발로 뛰며 모든 일에 솔선수범했던 그는, 누구보다 현장을 사랑하고 책임감이 강한 사람이었다. 하지만 몇 해 전 건강이 악화되며 어쩔 수 없이 퇴직을 선택해야 했다. 몸이 아픈 것도 힘들었지만, 일터를 떠나는 마음이 더 아팠다.

수술 후 긴 재활을 마치고 몸이 회복되었지만 막상 집에만 있으려니 오히려 더 힘들었다. "쉴 수 있어 좋을 줄 알았는데... 일하면서 느꼈던 보람이 사라지니 허전함만 남았어요." 그렇게 김씨는 다시 일을 하고 싶다는 마음이 점점 커졌다. 그는 자신이 오래 일했던 건설 현장으로 돌아가고 싶었다. 하지만 나이와 건강 문제로 현장 일을 다시 하기는 어려웠다. 그 대신 자신이 가지고 있던 자격증, 건설안전기사와 산업안전보건관리를 떠올렸다.

그는 퇴직 전에는 활용하지 않았던 이 자격증들을 바탕으로 산업 안전에 대해 더 깊이 공부하기로 결심했다. 온라인 강의와 교육을 병행하며 최신 안전 관리 지식도 익혔다. 그결과 지역의 소규모 건설 현장에서 안전관리 전담 인력으로 재취업에 성공했다. "요즘 젊은 사람들이 건설 현장을 기피하다 보니 오히려 저 같은 경력직이 더 필요하다고 하더군요. 처음엔 나이 때문에 주저했는데. '선생님 같은 분이 오셔서 든든하다'는 말을 들으니 자신감이 생겼어요."

무엇보다 김 씨는 다시 일하게 되며 집안에서도 달라졌다. 퇴직 후 위축되어 말수가 줄었던 그가 다시 웃음을 되찾았다. "일할 수 있다는 것, 그리고 누군가에게 여전히 도움이 된다는 것이 이렇게 기쁜 일인줄 몰랐어요."

그의 사례는 경력이 곧 자산임을, 그리고 퇴직이 끝이 아니라 새로운 시작이 될 수 있음을 보여준다. 한 때는 아파서 멈췄지만 다시 현장으로 돌아온 김 씨는 오늘도 '안전'을 지키는 든든한 존재로 현장을 지켜내고 있다.

간호사로서의 두 번째 여정

"지금은 내 삶까지도 다시 돌보게 된 것 같아요."

김영희(가명, 60세)씨는 종합병원에서 평생을 간호사로 살아왔다. 3교대 근무에 지친 날도 많았지만 환자 곁을 지키는 일이 삶의 일부였다. 정년을 몇 년 앞두고 문득 스스로에게 물었다. "내가 병원에 있지 않는 삶이 가능할까?" 그 모습이 전혀 상상되지 않았다. 결국 퇴직은 했지만 삶은 오히려 더 공허해졌다.

그렇다고 다시 간호사 일을 하기도 어려웠다. 체력은 예전 같지 않고 종합병원은 나이 제한이 분명했다. "일하고 싶은 마음은 있는데 갈 곳이 없다는 게 더 힘들었어요." 그렇게 무기력한 날들이 이어지던 중 간호사 친구에게서 연락이 왔다. "요양병원에서 며칠만 대신 일해줄 수 있을까?" 잠시 고민 끝에 일을 시작했다. 낯선 환경, 힘든 몸...

그런데 이상했다. "몸은 힘든 데 마음은 가벼웠어요." 다시 환자의 손을 잡고 따뜻한 말을 건네는 그 시간이 김씨에게는 생기를 불어넣었다.

그 경험 이후 그는 요양병원 근무를 본격으로 고려하기 시작했다. 요양보호사 자격증, 그리고 나중엔 사회복지사 자격증까지 있으면 좋을 것 같아 지역 평생교육원에 등록해 공부를 시작했다. 오랜만의 학습은 쉽지 않았지만, '다시 간호사로 살아간다'는 생각이 오히려 동기부여가 되었다.

시간이 조금 걸렸지만, 자격증도 모두 취득했고 지금은 한 요양병원에서 경험 많고 친절한 간호사 선생님으로 일하고 있다. "예전엔 환자들을 돌봤고, 지금은 내 삶까지도 다시 돌보게 된 것 같아요." 김영희 씨는 말한다.

퇴직은 끝이 아니라 진짜 천직을 확인한 시작이었다고.

아이들의 말이 만든 나의 미소

"아이들의 작은 입에서 나오는 '맛있어요' 한 마디에 저절로 웃음이 나요."

윤순자(가명, 58세)씨는 구내식당에서 15년 넘게 조리사로 일했다. 매일 수십 명분의 식사를 준비하고 무거운 식자재를 옮기고 뜨거운 열기 속에서 하루를 보냈다. 조리사의 일은 늘 고되고 힘들었지만 정성껏 만든 음식을 맛있게 먹는 사람들 덕분에 버틸 수 있었다. 그러던 어느날, 손목에 이상이 왔다. 반복되는 작업과 무리한 움직임으로 인해 손목 통증은 심해졌고 파스와 약으로 버티기엔 힘들어 결국 병원을 찾았다.

병원에서는 '더 이상 무거운 거 들지 말라'는 진단을 받았다. 일은 계속하고 싶었지만 더이상 몸이 허락하지 않았다. 상심도 컸고 아쉬움도 컸지만 조리사의 일을 그만두고 치료에 전념할 수 밖에 없었다. 퇴직 후에도 그는 늘 무언가 부족한 듯한 느낌을 지울 수 없었다.

"나는 평생 음식으로 누군가를 즐겁게하고 도왔던 사람이었는데 지금 내가 할 수 있는 것은 무엇일까?"라고 생각했다. 그러던 중 지역 커뮤니티 게시판에서 어린이집 조리 도우미 채용공고를 보게 되었다. 재료 손질과 배식 업무가 주인 조리사 도우미를 찾는 공고였다. 그것을 보는 순간 '이거면 다시 시작할 수 있겠다'라는 희망이 생겼다.

지금 그는 매일 아침 아이들 식사를 준비하며 재료를 다듬고 아이들에게 따뜻한 밥을 배식해준다. 조리사의 주업무는 아니지만 아이들의 작은 입에서 나오는 "맛있어요" 한 마디에 저절로 웃음이 난다.

무거운 냄비를 들지 않아도 되고 조리의 주체가 아니어서 부담감도 없다. "아이들이 쫑알쫑알 거리며 다가올 때면 제가 살아있음을 느끼고 마음적으로도 위로를 받는 느낌이에요. 일은 예전보다 훨씬 가볍지만, 마음은 더 따뜻해졌어요."
윤순자씨는 조리복을 벗지 않았다. 다만, 다른 방식으로 자신이 할 수 있는 자리를 다시 찾은 것뿐이었다.

02

이종취업

공감으로 이어진 두 번째 교실

"아이들의 마음에 점 하나 찍어주는 사람이 되려고 해요"

이재원씨(가명, 58세)는 고등학교 교사로 30년 가까이 재직하다가 정년을 앞두고 교단을 떠났다. 수업, 생활지도, 상담까지 바쁘게 살았지만 퇴직 후 찾아온 공백은 생각보다 컸다. "나는 아직 일할 수 있는데 아무도 날 원하지 않는 것 같았어요".

전공 과목을 살려 과외나 학원 강의를 시도했지만 학부모들은 더 젊은 강사를 원했고 현실의 벽은 높았다. 그러다 문득, 교직 생활 내내 반복되던 장면이 떠올랐다. 아이가 힘든 눈빛으로 다가왔을 때 조용히 이야기를 들어주고 부모님과 상담하며 풀어나가던 그 시간들. "그래, 내가 진짜 잘했던 건 아이들의 마음을 들여다보는 일이었지."

그는 늦었지만 청소년 상담 쪽으로 방향을 정하고 자격증 취득을 위해 교육을 알아보기 시작했다. 전공이 상담이 아니라 걱정도 됐지만 민간기관의 청소년상담사 양성과정과 실습 프로그램을 통해 한 걸음씩 길을 열었다. 시험과 과제를 병행하며 배운 이론은 현장에서 마주했던 수 많은 사례들을 떠올리게 했다. 교육을 수료한 뒤 그는 지역 청소년상담센터의 공고를 보고 지원했고 현재 비영리기관의 위기 청소년 상담지원팀에 주3회 일하고 있다. 가끔은 학교에서 만났던 제자들과 비슷한 아이들을 보면 다시 교실로 돌아온 것 같은 기분이 든다. "지금은 점수를 매기지 않아도 돼요. 대신 아이의 마음에 점 하나 찍어주는 사람이 되려고 해요." 이재원 씨는 자신만의 두 번째 교실을 오늘도 따뜻하게 지켜내고 있다.

반려동물이 채운 나의 하루

"지금은 제가 좋아하는 걸 하며 살아가요"

이현숙 씨(가명, 57세)는 평생을 전업주부로 살아왔다. 남편 출근 준비부터 아이들 도시락, 학원 스케쥴, 가족의 하루를 빈틈없어 챙기며 바쁘게 살아온 시간들이었다. 그러나 아이들이 모두 독립하고 남편 역시 은퇴를 앞두게 되자 하루 하루가 달라졌다. 아무도 없는 집에서 혼자 있는 시간이 길어지면서 어느 순간부터 하루가 참 길고, 고요하다는 생각이 들었다. 좋아서 혼자인 것이 아니라 필요 없어진 것 같은 공허함이 가슴 한켠에 스며들었다.

그렇게 지내던 어느 날, 이웃이 잠시 맡아달라며 부탁한 유기견 한 마리가 이 씨의 삶에 들어왔다. 처음엔 어떻게 돌봐야 할지 몰라 당황도 했지만 그 작은 생명은 점점 그녀의 하루에 자리를 잡아갔다. 산책을 나가면 지나가던 이웃이 "강아지 예쁘네요"라고 말을 걸었고 매일 밥을 주고 털을 빗기며 마음을 쓰는 그 시간이 오랜만에 따뜻하게 느껴졌다. "이 녀석이 나를 돌보고 있는 건 아닐까?"하는 생각이 들정도였다.

그러던 중 인터넷에서 우연히 펫시터 민간 교육 과정이 있다는 것을 알게 되었다. 망설임도 있었다. 지금껏 사회생활을 제대로 해본 적 없는 자신이 이 일을 시작할 수 있을까? 하지만 곧 마음을 다잡았다. '지금이 아니면 아마 영영 나가보지 못할거야'라는 생각과 함께 이 씨는 작은 용기를 내어 교육 신청 버튼을 눌렀다.

처음에는 강의실에 들어서는 것조차 어색하고 떨렸다. 대부분 젊은 사람들 사이에서 나이든 자신이 괜히 위축되기도 했다. 하지만 하나하나 배워가는 과정은 신기했고 실습을 하며 자신이 몰랐던 관심과 소질을 발견할 수 있었다. 강아지의 심리, 응급처치법, 산책 시 유의사항, 반려동물의 행동교정까지. 배우면 배울수록 재미있었다.

몇 주 뒤 그는 펫시터 자격증을 취득했고 지역 펫케어 협동조합의 면접을 거쳐 등록 활동가가 되었다. 현재 주2~3일 보호자가 외출하는 동안 반려동물을 돌보는 '방문 돌봄 서비스'를 하고 있다. 일정은 본인이 선택할 수 있어 무리가 없고 무엇보다 작은 생명과 함께하는 시간이 큰 위로와 기쁨이 된다. "예전엔 아침부터 밤까지 가족을 위해 움직였는데 지금은 제가 좋아하는 걸 하며 살아가요. 여전히 누군가를 돌보고 있지만 이번엔 저 자신도 함께 돌보고 있는 기분이에요." 이씨는 말한다.

이제 그녀의 하루는 고요하지 않다. 반갑게 달려오는 작은 발자국 소리와 함께 따뜻한 하루가 다시 시작된다.

전역 후 자연에서 찾은 두 번째 길

"예전엔 전투 준비태세였다면 지금은 마음을 정비하는 시간이에요."

정재민(가명, 58세)씨는 32년 동안 군인으로 복무했다. 일과 규율 속에서 평생을 살아온 그는, 제대을 앞두고 문득 스스로에게 물었다. "나는 앞으로 뭘하며 살고 싶을까?" 주변 사람들은 "연금도 나오는데 이제 좀 쉬어. 편하게 살아도 되잖아."라고 말했지만 정씨의 마음은 달랐다. 그는 여전히 일을 하고 싶었다. 새로운 삶의 방향을 찾고 자신만의 방식으로 누군가에게 보탬이 되는 삶을 이어가고 싶었다.

그는 제대 전 제대군인지원센터에서 운영하는 취업지원 교육에 참여했다. 생애 첫 진로교육이었다. 교육과정 중 전문가의 컨설팅을 통해 스스로의 관심사를 돌아보게 되었고 그때, 오랜 군 생활 중 유독 즐거웠던 기억 하나를 떠올렸다. 체력단련을 위해 꾸준히 다녔던 등산이었다. 바쁜 군 생활 속에서도 산에 오를 때면 마음이 정돈되고 편안해졌던 기억. 그렇게 정 씨는 '숲해설가'라는 직업을 처음 알게 되었다. 사람들과 자연을 매개로 소통하고 숲을 통해 삶의 여유를 전하는 직업. 생소했지만 왠지 자신에게 꼭 맞을 것 같은 예감이 들었다.

그는 망설임 없이 민간자격증 과정을 알아봤고 지역 환경 단체에서 운영하는 교육에 등록했다. 이론 교육과 실습, 시범 해설까지 열심히 참여하며 자격을 취득했고 이후 지역 숲협회에 가입해 숲해설 활동을 시작했다.

지금 그는 유치원생부터 어르신들까지 다양한 대상자들과 함께 숲길을 걷고, 나무와 식물, 곤충, 계절 이야기를 전한다. 때로는 군 시절 이야기와 교훈을 곁들여 아이들의 눈높이에 맞춰 풀어내기도 한다. "군에서는 늘 긴장 속에서 살았는데 지금은 자연이 나를 치유해주고 있어요. 예전엔 전투 준비태세였다면 지금은 마음을 정비하는 시간이죠." 활동은 주 3~4회로 조절하고 건강도 챙기며 의미 있는 일을 한다는 데 큰 보람을 느낀다. "퇴직 후 허무할 줄 알았는데 지금은 하루 하루가 정말 즐겁습니다."

정재민 씨는 이제 '자연을 지키는 평화의 전령'으로 두 번째 인생을 걷고 있다. 한때는 제복을 입고 국가를 지켰고, 이제는 숲을 해설하며 사람들의 삶에 위로와 영감을 전한다.

AI로 다시 연결된 일상

"이제는 사람들의 웃음소리를 들으며 하루를 마감하고 있어요."

박성기(가명, 59세)씨는 30년 넘게 지방자치단체에서 행정 공무원으로 근무했다. 규칙을 지키고 민원을 처리하는 일상이 익숙했고, 퇴직을 앞두고도 삶은 늘 정해진 틀 안에 있었다. 그러던 어느 날, 우연히 들은 강연에서 'AI의 시대'라는 말을 처음 들었다.

처음엔 '이걸 배워야 하나. 이제와서'라는 막역한 부담감이었다. 하지만 스마트폰으로 AI그림을 그려보던 손주의 모습을 보고 마음이 바뀌었다. "이게 뭐야?" 묻는 그의 질문에 손주는 신나게 설명해줬고, 둘은 오랜만에 한참을 웃으며 대화를 나눴다.

'젊은 세대와 같은 언어로 이야기하고 싶다'는 생각이 들었다. 그렇게 처음으로 평생교육센터의 AI기초 과정에 등록했다. 그 동안 컴퓨터 업무는 잘해왔지만 새로운 분야는 낯설고 어렵기만 했다. 하지만 하나둘 이해할수록 점점 재미와 흥미가 생겼다. 공부는 쉽지 않았지만 그는 결국 AI관련 자격증을 취득했다. 지금은 자신처럼 처음 기술을 접하는 시니어 대상 디지털 교육 강사로 활동하고 있다. 카카오톡 사용법부터 AI그림 그리기, GPT사용법까지 자신이 느낀 감동을 천천히 전하고 있다.

"퇴직하면 세상과 멀어진다는 생각했는데. 오히려 지금이 더 연결된 느낌이에요. 이젠 민원 대신 사람들의 웃음소리를 들으며 하루를 마감합니다." 박성기씨는 말한다. 기술을 배운 것이 아니라 사람을 다시 만나는 방법을 배운 것 같다고.

AI덕분에 가족과, 세대와, 그리고 자신과 다시 연결된 그의 두 번째 인생은 이제 막 시작이다.

나를 움직이게 한 리듬

"이젠 누군가의 하루를 바꾸는 일이 되었어요."

이정우(가명, 56세)씨는 20년 넘게 환경미화원으로 일했다. 매일 새벽 4시에 일어나 도시를 깨우는 일이 힘들면서도 익숙했다. 퇴직은 정해진 정년이 아닌, 그의 선택이었다.

"쉬고 싶기도 했고, 조금은 다른 인생을 살아보고 싶었어요." 하지만 막상 일을 그만두고 나니 몸이 어색했다. 수십년 몸에 밴 생활 리듬이 쉽게 바뀌지 않았고, 하루 종일 할일이 없자 마음도 점점 가라앉았다. 생각보다 다른 인생을 살기란 쉬운일이 아니었다.

그는 여전히 매일 같은 시간에 눈을 떴고 예전처럼 운동도 꾸준히 했다. 그러던 어느날, 운동 중에 만난 한 어르신이 그에게 물었다. "연세에 비해 몸이 참 좋으시네요. 어떻게 운동하세요?" 운동에 대한 대화가 시작이었다.

운동 방법을 알려주다 보니 점점 주변 사람들과 말을 섞게 되었고, 누군가에게 도움을 준다는 것이 즐겁다는 사실을 새삼 느꼈다. '좀더 전문적으로 해볼 수 없을까?'라는 생각과 함께 알아보던 중 '시니어 헬스케어 지도사'라는 자격증이 있다는 걸 알게 됐고 '내가 해온 것을 이제는 배워서 제대로 전해보자'는 생각으로 공부를 시작했다.

처음 해보는 이론 공부에 머리가 지끈거렸지만, 몸으로 익힌 경험이 있어 배움도 자연스럽게 이어졌다.

지금 그는 지역 실버센터와 노인주간보호센터에서 주 2~3회 운동 지도사로 활동하고 있다. 기구없이 할 수 있는 근력 운동, 스트레칭 등을 안내하며 어르신들과 유쾌하게 소통한다.

"운동은 나 혼자만 하려고 했는데 이제는 그게 누군가의 하루를 바꾸는 일이 되었어요." 이정우씨는 퇴직 후 비로소 자신의 속도로 살아가는 법을 배웠다.

03

창업

나무 향기로 채운 삶

"지금은 국가가 아닌 나를 위한 삶을 살고 있어요."

김은정 씨(가명, 만60세)는 35년간 행정직 공무원으로 근무했다. 수많은 민원과 정책 속에서 치열하게 살아온 그는 퇴직을 1년 앞둔 시점에서 처음으로 자신에게 물었다. "나는 앞으로 뭘 하고 살지?" 단순한 휴식이 아닌 계속 일하고 싶은 마음이 컸다. 그 마음을 안고 참여한 퇴직예정자 교육에서 컨설팅을 받았다. 컨설턴트는 이렇게 물었다. "평소 좋아하는 건 무엇인가요?" "취미는 어떤 것인가요?" 그 질문이 계속 머리에 맴돌았다. 지금껏 한 번도 자신에게 그런 질문을 해본 적이 없었기 때문이다.

생각을 거듭하던 중 문득 떠오른 건 '나무'였다. 바쁜 와중에도 짬을 내 원데이 목공 클래스에 참여해 작은 소품을 만들던 시간.

나무를 만지고 다듬고 완성된 작품을 바라보며 혼자 뿌듯해하던 그 시간이 떠올랐다. 퇴직을 앞둔 난 결심했다. "내가 좋아하는 걸 제대로 배워보자."

그 후 기초 목공 교육과정을 수강했고 하루하루 나무 냄새에 둘러싸인 공간에서 새로운 기쁨을 찾았다. 수직적 조직에서 수평적인 작업장으로, 서류 대신 도구를 쥔 삶은 낯설지만 신선했다. 천천히 기술을 익히고 다양한 사람들과 교류하며 자신감을 얻은 나는 결국 작은 작업 공간을 마련해 클래스도 열고 있다.

목공이라는 전혀 다른 길이지만 오히려 지금이 더 자신다워졌다. "평생은 국가를 위한 삶이었다면, 지금은 나를 위한 삶을 살고 있어요." 김씨는 나무를 깎는 손끝에서 제2의 인생을 정성스레 빚어가고 있다.

따뜻한 하루를 담은 밥상

"예전보다 훨씬 단단하고 따스한 하루를 살아가고 있어요."

최도영 씨(가명, 55세)는 대기업에서 25년간 근무하다가 권고사직을 받았다. 말은 '감사와 배려'였지만 갑작스러운 퇴직은 충격 그 자체였다. '이제 한참 일할 나이인데...'라는 생각에 억울함과 막막함이 뒤섞였고, 무엇을 해야 할지 알 수 없었다. 주말 부부로 살아온 그는 오히려 집에서는 혼자 밥을 해 먹는 시간이 많았는데 그 시간이 이상하게 위로가 되었다. 자르고, 볶고 담는 그 단순한 과정 속에서 자신이 살아 있음을 느꼈다.

그 무렵, 그는 문득 '나처럼 혼자 밥 먹는 청년들과 어르신들도 많지 않을까?'라는 생각이 들었다. 그렇게 머릿속에서 떠오른 것이 '혼밥족을 위한 반찬가게'였다. 처음엔 가볍게 떠올린 아이디어였지만 점점 마음이 깊어졌다. 문제는 가족과 지인들의 반응이었다. "장사는 아무나 하는거 아니야." "음식 장사는 손 많이 가고 남자 혼자 하기엔 힘들어." 모두의 말에 일리가 있었지만 그럴수록 그는 오히려 더 확신이 들었다. "이번만큼은 내가 진짜 해보고 싶은 걸 해보자."라고.

그는 가장 먼저 한식조리사 자격증을 따기로 결심했다. 백지상태에서 시작했지만 퇴근 후 학원에 다니며 공부를 했고 몇 달 뒤 자격증을 손에 쥐었다. 처음엔 가게를 내는 것이 부담스러워 직접 만든 반찬을 온라인으로 소량 판매했다. 마케팅 업무를 오래 했던 그는 SNS를 활용해 홍보했고, 지역 커뮤니티에 자연스럽게 입소문이 나기 시작했다. '어른신이 잘 드셨어요.' '오늘 반찬 덕분에 밥 한 공기 뚝딱했습니다'라는 메시지를 받을 때마다 가슴이 뭉클했다.

그러던 중 근처 작은 점포가 비어 있다는 이야기를 들었다. 고민 끝에 반찬가게를 열었고 지금은 딸과 함께 가게를 운영하고 있다. 딸은 젊은 감각으로 반찬 메뉴를 재구성하고 그날 그날 인기 있는 반찬을 조합해 혼밥하는 사람들도 질리지 않게 구성해준다. 반찬 하나에도 계절을 담고 추억을 담기 위해 노력한다.

"혼자 먹는 밥상이었는데, 이제는 누군가의 하루를 책임지는 밥상이 되었어요." 고객의 얼굴을 떠올리며 반찬을 만드는 지금, 그는 예전보다 훨씬 단단하고 따스한 하루를 살아가고 있다.

60세에 시작한 커피 트럭

"지금처럼 스스로 계획하고 움직일 수 있는 삶이 얼마나 소중한지 새삼 느껴요"

최재훈(가명, 60세)씨는 35년 동안 자동차 생산 현장에서 일했다. 매일 아침 같은 시간에 출근해 컨베이어벨트 앞에 서고, 정해진 동선과 작업을 반복하는 단조로운 일상이었지만 생계를 위해 성실히 버텨왔다. 그렇게 어느덧 정년을 2년 앞두고 조기 퇴직 제안을 받았고 깊은 고민 끝에 회사를 떠났다.

"그만두는 날, 후련하기도 하고 허전하기도 했어요. 하지만 솔직히 말하면 속이 조금은 시원했죠. 이제는 내 인생을 한 번 제대로 살아보고 싶었거든요."

처음 몇 달은 그동안 하지 못했던 여행도 다니고 취미고 가져보며 시간을 보냈다. 하지만 시간이 지나자 불안이 밀려왔다. '앞으로 뭘 해야 하지? 이대로 멈추면 안 될 것 같은데...' 막막한 마음에 지역 고용복지센터에서 안내하는 퇴직 예정자 교육에 참여하게 되었다. 교육 과정 중 '창업 직종 탐색' 시간이 있었다. 그때 이동형 커피 트럭이라는 아이템이 눈에 들어왔다. '내가 만든 커피를 사람들에게 팔 수 있다면?' 생각만 해도 설렜다. 특히 가만히 앉아 있는 사무직보다 여기저기 돌아다니며 사람을 만나고 자연 속에서 일할 수 있다는 점이 마음에 들었다.

"평생 실내 공장에서만 일하다 보니, 밖에서 자유롭게 움직일 수 있는 일을 하고 싶었어요. 정해진 틀에서 벗어나고 싶다는 갈망이 있었던 것 같아요." 커피에 대해선 아무것도 몰랐지만 그는 교육센터를 통해 커피바리스타 자격증 과정에 등록했고 이론과 실습을 꼼꼼히 배우며 자격증을 취득했다. 이후 퇴직금 일부를 사용해 중고 트럭을 개조하고 본인만의 커피트럭을 만들었다.

처음에는 주말 플리마켓이나 마을 행사. 지역 벚꽃축제 등에 참여하며 경험을 쌓았다. 손님들의 반응은 기대 이상이었다. "하루 매출이 많지 않아도 제가 내린 커피 한 잔에 미소 짓는 손님들을 보면 참 보람을 느껴요." 이제 그는 자신만의 루틴을 만들어 주 3~4회 운영하고 계절에 따라 메뉴도 바꾸며 꾸준히 활동하고 있다. 날씨에 따라 쉽지 않은 날도있지만 '내가 원하는 방식으로 일하고 있다'는 만족감이 크다.

"정해진 시간, 정해진 일, 정해진 규율 속에서 살아오다 보니 지금처럼 스스로 계획하고 움직일 수 있는 삶이 얼마나 소중한지 새삼 느껴요. 커피트럭은 단순히 창업 그 이상이에요. 저에게 자유이고, 사람과 소통하는 통로죠." 최 씨는 오늘도 커피 트럭을 몰고 새로운 장소를 찾아 나선다. 멈추지 않고, 자유롭게 움직이며 자신만의 속도로 두 번째 인생을 달려가고 있다.

노래로 시작된 인생 2절

"이젠 음악을 통해 또 다른 세대와 연결되고 새로운 삶의 의미를 만들어가고 있어요."

정하윤(가명, 58세)씨는 교직에서 정년을 마친 뒤, 잠시 멍해졌다. 30년 넘게 교사로가 아이들 사이에서 바쁘게 살아왔기에 퇴직 후 맞이한 고요한 일상은 익숙하지도 편하지도 않았다. 누군가는 "이제 쉬면 되잖아"라고 말했지만 정씨는 마음 한편이 허전했다. 무언가 빠져 있는 느낌이었다.

그럴때마다 꺼낸 건 기타와 하모니카였다. 학창시절부터 음악을 좋아했던 그는 생계를 위해 접었던 꿈을 퇴직 후 취미로 다시 꺼냈다. 지역 주민센터에서 열리는 하모니카 교실에 등록했고 기타는 독학으로 다시 손을 풀었다. 가끔 지인 모임이나 소모임에서 노래를 부르면 "왜 음악을 안했냐?"는 이야기를 들을 만큼 실력도 인정 받았다.

그러던 중 우연히 알게 된 지역 예술인협회에 가입하게 되면서 삶의 방향이 바뀌기 시작했다. 소외계층을 위한 문화공연 봉사, 양로원 음악회, 작은 버스킹 행사 등 다양한 활동에 참여하며 사람들과 음악으로 소통하는 시간이 늘어났다. 혼자였던 취미가 누군가에게 위로가 되는 경험이 된 것이다.

그리고 어느 날, 지안이 말했다. "하윤쌤, 노래 교실 해보는 건 어때요? 어른신들 대상으로 하면 진짜 좋아하실 것 같아요. 다른 연령도 괜찮고." 순간 가슴이 뛰었다. 한 번도 생각해본 적은 없었지만 어쩌면 가능한 일일지도 모른다는 생각이 들었다. 정씨는 바로 직역문화센터릐 노래교실에 수강생으로 등록해 전문 강사들의 수업을 들으며 자신만의 수업 방식과 진행 노하우를 익혔다. 또, 악기 연주는 지역 센터의 기타, 하모니카 교실에서 일주일에 두 번 꾸준히 배우며 실력을 다져갔다.

몇 달 뒤 정씨는 지인의 공간을 빌려 처음으로 시니어 대상으로 '노래와 웃음이 있는 소규모 교실'을 열게 되었다. 참가자는 5~6명 남짓이었지만 모두 수업이 끝나면 "오늘도 즐거웠어요. 너무 좋아"라며 활짝 웃었다. 그 모습을 보며 정씨는 확신했다.

"이거 내가 정말 하고 싶은 일이다."라고.

지금은 지역 복지센터, 평생학습관 등에서 작은 클래스들을 맡으며 왕성히 활동 중이다. 수입은 많지 않지만 매일 하는 수업이 의미있고 사람들과 교감하며 노래부르는 것을 좋아한다.

"예전엔 정답을 가르쳤다면, 지금은 감정을 나누는 것 같아요. 음악은 나이도, 경력도 묻지 않더라고요." 정하윤씨는 이제 음악을 통해 또 다른 세대와 연결되고 새로운 삶의 의미를 만들어가고 있다. 늦게 시작했지만 진심으로 이 길을 걸어가고 있다.

"제 인생의 1절은 교사였고, 지금은 인생 2절이에요. 비로소 내가 좋아하는 일로 노래하며 살아가고 있습니다."

실로 엮은 인생의 서사

"이웃들과 함께 실을 엮고 이야기를 나누며 따뜻한 공간이 되었어요."

장인숙(가명, 63세)씨는 오랫동안 중소기업에서 경리 업무를 맡아왔다. 30년 가까운 세월동안 숫자와 장부 속에서 살아왔지만 퇴직을 앞두고는 마음이 어딘가 허전했다. "일을 손에서 놓는게 이렇게 아쉬울 몰랐어요."

직장 없이 맞는 첫 아침. 정씨는 오랜만에 실을 꺼내 들었다. 젊은 시절부터 좋아하던 뜨개질은 그녀의 손끝에 익숙하게 감겼다. 시간 날 때마다 만든 가방, 인형, 커튼을 집안 곳곳에 걸어두고 직접 뜬 니트 옷과 가방에 달고 다녔던 인형을 보고 사람들의 반응이 심상치 않았다.

"이거 어디서 샀어요? 진짜 예쁘다. 하나 만들어 줄 수 있어요?"라고 말을 했다. 살짝 부담스럽기도 했지만 누군가 내 손길을 기다린다는 사실에 설레임도 있었다. 그 이후 딸의 권유로 SNS계정을 만들었고 작은 주문이 하나둘 들어오기 시작했다. 그러자 용기가 난 그녀는 동네 골목에 조용한 공간을 얻어 뜨개 공방을 만들었다. 지금은 가게 앞 창가에 완성된 작품들을 전시하고 오가는 이웃들이 뜨개를 배우러 오면 함께 실을 엮고 이야기를 나눈다. 단순한 판매가 아니라 사람들이 머물며 손과 마음을 따뜻하게 데우는 공간이며 그녀만의 작품 갤러리가 된 것이다.

"정년이 없는 취미로 이렇게 내 인생 2막이 열릴 줄 몰랐어요. 이제는 손끝에서만 무늬를 만들지 않아요. 서로의 하루도 기억도 천천히 짜 내려가는 중이에요." 정인숙씨에게 이 공방은 단순한 창업이 아니라 자신을 다시 발견한 공간이고 누군가에게는 쉼과 연결의 장소가 되어주고 있다.

마치는 말

제2막의 시작 :
중년, 새로운 인생을 여는 열쇠

나이라는 편견을 넘어선
새로운 시작

인생의 중반을 지나며 우리는 종종 갈림길에 서게 된다. 첫 번째 인생의 막이 내려가는 것 같은 순간, 마치 무대 위의 배우가 커튼콜을 받으며 퇴장하는 듯한 기분이 든다. 하지만 진정한 명배우는 하나의 작품이 끝나면 더욱 깊이 있는 다음 작품을 준비한다는 사실을 우리는 잊고 있다.

50이라는 나이, 60이라는 숫자가 마치 인생의 종착역인 양 여겨지는 사회적 시선 속에서 우리는 스스로를 가두곤 한다. "이제 늦었다"는 말이 입버릇처럼 되어버린 순간, 우리의 가능성은 철창 안에 갇혀버린다. 하지만 생각해보라.

나무가 가장 깊은 뿌리를 내리는 시기는 언제인가? 바로 오랜 세월 비바람을 견뎌낸 후이다.

경험이라는 자산으로 그려내는
새로운 캔버스

중장년의 삶은 백지 위에 첫 글자를 쓰는 것이 아니다. 이미 수많은 경험이라는 밑그림이 그려진 캔버스 위에 새로운 색채를 입히는 작업이다. 젊은 시절의 패기와 열정이 원석이었다면, 지금의 우리가 가진 것은 세월의 단련을 거쳐 빛나는 보석이다. 실패의 쓴맛을 알기에 성공의 단맛을 더욱 깊이 느낄 수 있고, 좌절의 어둠을 경험했기에 희망의 빛을 더욱 소중히 여길 줄 안다.

"처음"이라는 단어가 두려움을 불러일으킨다면, "다시 시작"이라는 표현은 어떨까. 긴 겨울잠에서 깨어난 곰이 봄을 맞이하듯, 우리는 새로운 계절을 준비하고 있는 것일지도 모른다. 지금까지 쌓아온 모든 것들이 발판이 되어, 더 높은 곳으로 도약을 가능케 한다.

세상은 빠르게 변하고 있다. 인공지능이 등장하고, 새로운 기술들이 하루가 다르게 발전한다. 하지만 변하지 않는 것이 있다. 바로 인간의 경험과 지혜, 그리고 진정성이다. 젊은 세대가 가진 기술적 민첩함과 우리가 가진 삶의 깊이가 만날 때, 그 시너지는 상상을 초월한다.

아직 끝나지 않은 당신의 이야기

나이는 숫자일 뿐이라는 말이 진부하게 들릴 수 있다. 하지만 그 진부한 말 속에 숨겨진 진실은 강력하다. 모차르트는 35세에 세상을 떠났지만 불멸의 작품을 남겼고, 칼 샌드버그는 50세가 넘어서야 시인으로 인정받았다. 인생의 타이밍은 각자에게 주어진 고유한 리듬이 있다.

지금 이 순간, 당신 앞에는 무수히 많은 길이 펼쳐져 있다. 그 길들 중 어느 것을 선택하든, 지금까지의 모든 경험이 당신의 든든한 동반자가 될 것이다. 제2의 인생은 처음부터 다시 시작하는 것이 아니라, 지금까지 써온 인생이라는 소설의 새로운 장을 여는 것이다. 마침표는 끝이 아니라 새로운 문장의 시작이다. 당신의 이야기는 아직 끝나지 않았다.

신중년 재취업 완전정복
신중년과 경력이음여성을 위한 실전 전략서

초판발행	2025년 7월 25일
지은이	전은지, 한보라, 천소연, 원애림
펴낸이	레오
펴낸곳	brainLEO
등록	2016년 1월 8일 제2016-000009호
주소	서울시 양천구 중앙로 324, 203호
전화	02) 2070-8400
이메일	opraseno@naver.com
ISBN	979-11-94051-06-0 (03320)

파본이나 잘못 만들어진 책은 구입하신 곳에서 교환해 드립니다.
©brainLEO

이 책의 저작권은 brainLEO 출판사와 저자에게 있습니다. 저작권법에 의해 보호를 받는 저작물이므로 무단전재와 복제를 금하며, 이 책 내용의 전부나 일부를 이용하려면 반드시 저작권자와 출판사의 허락을 받아야 합니다.